DE L'OPPOSITION

ET

DE LA LIBERTÉ DE LA PRESSE.

IMPRIMERIE D'AD. LE CLERE ET Cᵉ.

DE L'OPPOSITION

DANS LE GOUVERNEMENT

ET

DE LA LIBERTÉ DE LA PRESSE,

PAR M. LE VICOMTE DE BONALD,

PAIR DE FRANCE.

« Si les journaux restoient livrés comme au-
» jourd'hui à la licence et à l'impunité, la
» société tomberoit bientôt en dissolution ; le
» poison qu'ils distillent est fait pour corro-
» der les liens qui en tiennent unies toutes
» les parties. »

Conservateur, tom. VI, pag. 491 (1820).

PARIS.

LIBRAIRIE D'ADRIEN LE CLERE ET Cⁱᵉ,

QUAI DES AUGUSTINS, Nᵒ 35.

——

1827.

DE L'OPPOSITION

DANS LE GOUVERNEMENT

ET

DE LA LIBERTÉ

DE LA PRESSE.

Pourquoi une opposition est-elle regardée comme une des nécessités du gouvernement représentatif, et quel en est le caractère?

La raison dit qu'il ne doit y avoir d'opposition qu'au mal : et y auroit-il donc un mal nécessaire dans cette forme de gouver-

nement? Oui, et même il y en a deux. Aux
yeux de la démocratie, ce mal est la royauté;
aux yeux de la royauté, ce mal est la démocratie : l'une et l'autre mises en présence
et comme en champ clos dans le gouvernement représentatif.

Voilà le sujet du combat, voilà les combattans; et les journaux sont l'arme des
partis, et le théâtre de leurs querelles.

Ainsi les journaux, j'entends les journaux
politiques, naissent dans les révolutions, et
ne peuvent vivre que dans la guerre.

Du côté de la royauté est le Roi et sa
chambre des pairs; du côté de la démocratie, le peuple et sa chambre des députés:
division de pouvoirs toute naturelle à cette
forme de gouvernement; car l'aristocratie
elle-même est moins un pouvoir particulier
qu'un *appendice* du pouvoir royal; et c'est
ainsi qu'en Angleterre l'aristocratie se con-
sidère elle-même, et ce qui fait sa force
contre la démocratie et la force de la royauté; car si, par impossible, une chambre des
pairs ambitionnoit la popularité, et sacri-
fioit, pour l'obtenir, quelque chose de ses
devoirs et des justes droits du Roi, elle don-

neroit à la democratie la force de la royauté,
et l'État seroit perdu.

Entre ces deux grandes divisions se placent la magistrature et l'armée, qui tiennent
au peuple par leur composition, et à la
royauté par la direction qu'elles en reçoivent; heureux l'État, si elles n'en reçoivent
jamais d'autre!

Du côté de la royauté sont donc les supériorités politiques, et par conséquent la
tendance au repos; état naturel à tout ce
qui est parvenu à son terme et ne peut aller
plus loin.

Du côté de la démocratie est l'infériorité
relative, et par conséquent la tendance à
l'inquiétude, à l'ambition, au goût du changement, aux révolutions; état naturel aussi
à tout ce qui n'est pas parvenu à son terme
et aspire à aller plus loin.

La démocratie est donc dans un état offensif, parce qu'il est dans sa nature qu'elle
cherche à conquérir le pouvoir; la royauté
est dans un état défensif, parce qu'il est dans
sa nature qu'elle veuille le défendre. La démocratie tend donc au pouvoir le plus arbitraire, parce qu'il est le plus offensif; la

royauté tend au pouvoir absolu, parce qu'il est le plus défensif, double tendance qui explique tous les accidens de cette société.

Le premier corollaire qui découle de ces principes est que l'opposition dans la chambre des pairs ne doit pas avoir le même but ni le même caractère que celle de la chambre des députés : celle-ci est une opposition aux empiètemens de la royauté; l'autre doit être une opposition aux entreprises de la démocratie, et la pairie devroit craindre bien moins de se tromper avec la royauté que d'avoir raison avec la démocratie.

Ce qui sauve l'Angleterre est la grande influence que la couronne et la pairie exercent sur les élections, et qui leur assure les voix d'un grand nombre de membres des communes. Sans cet auxiliaire, la chambre des pairs et la royauté auroient, depuis long-temps, succombé, et il y auroit de quoi s'étonner de la méprise de ceux d'entre les pairs de France ou d'Angleterre qui travailleroient à faire des élections populaires, et qui reprocheroient au gouvernement de chercher à se donner des députés royalistes.

Les journaux sont donc l'arme offensive

de la démocratie et l'arme défensive de la
royauté, et avec ses journaux la démocratie
seroit plus forte que la royauté, si celle-ci
n'avoit, pour réprimer leurs excès, la ressource de la censure; car les lois répressives
n'y peuvent rien.

Ainsi les partisans de la démocratie atta-
queront avec violence, tandis que les défenseurs de la monarchie soutiendront le combat avec le désavantage que, dans cette guerre
comme dans toute autre, une défensive
purement passive a contre une aggression
opiniâtre et continuellement répétée. Les
talens n'y font rien, les partis n'en reconnoissent ou n'en supposent que dans ceux
qui les servent; et le *Conservateur* lui-même,
dont on a tant vanté les succès et exagéré
peut-être le mérite littéraire, le *Conservateur* auroit pâli devant le *Constitutionnel:*
tant aux yeux du vulgaire une défensive
calme et raisonnée paroît foible et décolo-
rée auprès d'une attaque audacieuse et qui
ne respecte rien! Au reste, le *Conservateur*
n'auroit rien fait de ce qu'il vouloit faire,
sans l'horreur excitée par la nomination d'un
régicide à la chambre des députés, et sur-

tout par l'affreux évènement du 14 février.

Jusque dans la brièveté de leurs articles, les journaux sont bien plus propres à l'attaque qu'à la défense. On attaque avec un mot, un trait; il faut des volumes pour répondre et pour défendre. C'est ainsi qu'un grain de poison donne la mort à l'homme, et qu'il faut des quantités d'alimens pour le nourrir.

Il est vrai que la démocratie n'attaque pas toujours directement la royauté; la loi, par une fiction tant soit peu ultramontaine, a déclaré que le Roi ne pouvoit *mal faire*, et même que seul il ne devoit rien faire. Elle l'a placé dans la constitution de la société à peu près comme le déisme place la Divinité dans l'univers, je veux dire, dans une sphère inaccessible aux agitations de ce bas monde, et où les passions ni le soin des affaires humaines ne sauroient troubler son repos.

Les rois, dans un gouvernement représentatif, sont placés sur la hauteur loin du combat, et s'ils ont été quelquefois forcés d'en descendre et de s'engager eux-mêmes dans la mêlée, demandez à l'Angleterre et à la France ce qu'ils sont devenus!

Mais la démocratie se dédommage des

respects forcés qu'elle prodigue à la royauté,
et de l'infaillibilité qu'elle lui attribue, sur
les premiers agens de son autorité, les hé-
raults de ses volontés législatives, les instrumens de son action administrative, les ministres en un mot chargés de toutes les ini-
quités, comme ils le sont de toutes les affaires et de toute la responsabilité du succès.
Ceux-là sont en quelque sorte hors la loi
commune, assaillis sur tous les points, et
obligés de faire face à toutes les attaques. La
démocratie, pour les combattre avec plus
d'avantage, les isole du Roi, dont il leur est
même interdit de faire servir le nom à l'appui des propositions faites en son nom ;
elles les isole de tous ceux dont ils peuvent
employer les services ou rechercher l'amitié,
en les flétrissant du nom de *serviles* ou de
ministériels, injure qui passera de main en
main aux défenseurs de tous les ministres,
quels qu'ils soient. Ailleurs les gouvernemens
sont tranquilles et les peuples heureux à
moins de frais et sans trop s'occuper de ceux
qui les gouvernent ; et l'on diroit que, dans
ce seul gouvernement, les ministres, objet
d'une censure si âpre et si continuelle,

sont plus sujets à faillir parce qu'ils sont plus
surveillés, ou plus corrompus parce qu'ils
sont plus responsables.

Comment peut-on harceler continuellement les serviteurs, sans nuire à la considération du maître qui les a choisis? comment
peut-on prétendre que tout va mal dans l'É-
tat, sans porter atteinte au respect et à l'af-
fection dus à celui qui en est le chef? C'est
là le mystère du gouvernement représentatif, tel que l'entendent nos adversaires, c'est
même à leurs yeux son chef-d'œuvre, et pour
ceux qui ont la foi, il sert merveilleusement
à tranquilliser les consciences de l'opposition
qui défend la royauté comme d'autres l'attaquent, je veux dire, avec les passions de la
démocratie, et quelquefois avec son secours.

Et qu'on ne pense pas que la pairie trouve
plus de grâce aux yeux de cette éternelle
ennemie du pouvoir royal. La pairie est trop
intimement unie à la royauté pour ne pas
partager toutes les chances du combat. La
chambre des pairs, en effet, n'est pas hors de
la royauté pour la contredire; elle est dans
la royauté pour la défendre, ou plutôt elle
est royauté elle-même, puisqu'elle en par-

tage le premier et le plus essentiel caractère, le pouvoir législatif héréditaire. La chambre des pairs de la monarchie n'est pas *le conseil des anciens* de la république. Les amendemens et les sous-amendemens, cette artillerie des assemblées populaires, ôteroient quelque chose à sa dignité, et, élevée qu'elle est au-dessus des petites prétentions du bel esprit et des vanités de la tribune, elle doit aux peuples l'exemple de l'unanimité dans les résultats, plutôt que le spectacle du combat entre les opinions.

La pairie a un autre caractère de la royauté; elle a des flatteurs, et peut-être, comme font quelquefois les rois, repoussera-t-elle la voix amie, mais sévère, qui lui dira la vérité; et tantôt ses flatteurs exalteront à grand bruit sa popularité, et lui diront qu'elle a bien mérité des peuples, qu'elle a sauvé la patrie, et tantôt ils publieront d'insolentes biographies de ses membres, et leur délivreront à tous des notes de louange ou de blâme, comme ces *livrets* de bonne ou mauvaise conduite qu'on donne à des mercenaires. On attaquera les membres, on attaquera le corps lui-même, et si l'on en doutoit,

si l'on étoit tenté de ne voir dans cette audacieuse entreprise qu'une étourderie sans
conséquence, qu'un délit *isolé* trop puni,
comme il l'a été, de 600 francs d'amende et
d'un mois de prison (1), on n'a qu'à jeter les
yeux sur le *Moniteur* des 22 et 23 mars
1820, n°ˢ 143 et 144, et écouter ce qui fut
dit alors à la chambre des députés par un
des coryphées du parti démocratique, aux
applaudissemens de ses amis.

« Les pairs ne se dissimuleront pas que,
» même dans leur propre existence, il n'y a
» d'antique que la forme de leurs manteaux
» et la pose brillante de leurs plumes, et
» qu'il devient tous les jours d'un plus grand
» prix pour eux d'éloigner le moment *de*
» *certaines améliorations,* parce que, *dans*
» *le mouvement de ces améliorations, on*
» *arriveroit* bientôt à la pensée peut-être plus
» rationnelle de perfectionner quelque chose
» dans leur éclatante possession et d'amé-
» liorer sur leur terrain, mais pour l'avan-
» tage de tous.

(1) Sous le ministère de lord Castlereagh, un acte du Parlement
a condamné au bannissement à perpétuité tout écrivain qui publie
quelque chose qui ait tendance à attirer du mépris sur les chambres.

» Sans supprimer un second degré de dé-
» libération reconnu essentiellement utile
» par tous les bons esprits, on pourroit cher-
» cher à fonder sur des bases plus analogues
» à notre situation sociale, *une institution*
» *exotique transplantée parmi nous avec*
» *tous les vices de la vétusté, et sous des*
» *conditions désormais impossibles à obte-*
» *nir dans notre France.*

» Conseillons donc à MM. les pairs d'é-
» carter l'examen de cette fausse imitation,
» peu capable dans cette France nouvelle
» de jeter de profondes racines sur un sol
» qui la repousse.

» Une voix plus forte que celle de l'inté-
» rêt pécuniaire peut faire frémir leur cœur
» paternel; ils ne penseront pas de sang-
» froid à la possibilité de voir remettre en
» question le droit d'hérédité circonscrit à
» un petit nombre de familles; ils sont trop
» éclairés pour ignorer que, devant la rai-
» son et le jugement de la civilisation euro-
» péenne, il ne reste plus qu'une seule hé-
» rédité justement et solidement consacrée
» dans les opinions, l'hérédité du trône : il
» n'en est pas de même de toutes les autres

» hérédités de titres et de places. Celles-ci,
» il ne faut pas se le dissimuler, sont déjà
» condamnées par l'opinion générale; elles
» sont déjà frappées au cœur; la blessure est
» profonde, et les pairs jugeront assez vite
» que le plus sûr maintien de toutes leurs
» magnificences réside dans le consentement
» tacite qui nous fait supporter par habitude
» ce qui pèse sur nous, pour conserver ce
» qui nous console. »

Ces menaces hautaines, ces conseils iro-
niques, adressés à la chambre des pairs,
n'ont pas besoin de commentaire, et la pairie peut y lire le sort qui lui seroit réservé,
si la démocratie, *qui nous déborde de tous
côtés,* selon l'expression d'un orateur à la
chambre des députés, venoit à ruiner les
dernières défenses de la royauté.

Mais de toutes les attaques que la démocratie dirige contre la royauté, la plus dangereuse, et celle qui découvre le mieux ses
desseins, est la guerre opiniâtre qu'elle fait
à la religion de l'Etat; car la religion catholique et la royauté, ces deux grands objets des affections publiques, ont été comme
les deux ancres qui ont retenu le vaisseau.

de l'Etat dans les plus violentes tempêtes.

Ainsi les journaux attaquent la religion (1) dans ses ministres comme la royauté dans les siens, et toujours en protestant de leur respect pour la religion qu'ils veulent épurer, et pour la royauté qu'ils veulent servir ; et comme il faut des noms pour personnifier l'injure, on appellera la royauté du nom de *ministérialisme* et la religion du nom de *jésuitisme*, et ces mots deviendront des signaux de haine et de persécution. Avec des mots, on pervertira la raison des peuples ; avec des écrits, on pervertira leurs mœurs ; on répandra d'obscènes impiétés, sous le plus petit format et au plus vil prix, dans les écoles et dans les chaumières ; on les donnera à l'ignorance de l'âge, à la foiblesse du sexe, à la grossièreté de la condition ; on les donnera au peuple pour corrompre son cœur et égarer son esprit ; on les lui donnera comme le libertin prête ou donne de mauvais livres à la jeune personne qu'il veut séduire, et ce ne sera pas par spéculation d'argent ou par débauche d'esprit, ce sera

_____

(1) Je ne confonds pas tous les journaux dans cette accusation. La *Quotidienne*, par exemple, a toujours respecté et défendu la religion.

par calcul politique, comme instrument de révolution et moyen de recrutement : combinaison infernale, dernier degré de corruption réservé à notre pays et à notre époque; et ils seroient dans un aveuglement bien déplorable ceux qui n'en seroient pas honteux pour leur nation, inquiets pour eux-mêmes, ou alarmés pour leurs enfans!

Et cependant, tandis que les uns invoquoient contre les abus de la presse les châtimens les plus rigoureux et *même la mort*, dans ce même temps, d'autres, aussi frappés du mal que les écrivains imprudens pouvoient se faire à eux-mêmes, que de celui qu'ils pouvoient faire à la société, demandoient la censure, qui épargne toutes les rigueurs en prévenant tous les délits; ils ne la demandoient même que contre les ouvrages, et non encore contre les journaux dont la politique, quoique fausse et superficielle, s'imposoit encore quelque retenue.

Ce luxe de corruption que nous avons vu depuis, et dans des réimpressions fameuses, et dans de petits formats, et dans des *Résumés historiques*, et dans les livres à deux sous, n'avoit pas encore gagné les dernières classes de la société, et ceux dont je parle auroient cru calomnier leur pays et ses écrivains, s'ils avoient demandé des peines pour des délits qui n'existoient pas encore, du moins au même degré de gravité, et qui leur paroissoient à peine possibles.

Les journaux sont donc un mal nécessaire : si la royauté peut être attaquée, il faut bien qu'elle puisse être défendue. Mais de ce mal inhérent à cette forme de gouvernement, on en a fait une nécessité et même un avantage politique, à peu près comme certains peuples font un trait de beauté d'une difformité endémique et nationale.

On concevroit l'avantage des journaux politiques dans les gouvernemens absolus, où le pouvoir est sans contre-poids, les ministres sans responsabilité et le peuple sans représentation ; mais dans un gouvernement où sept à huit cents propriétaires, pris dans les rangs les plus honorables de la société, viennent tous les ans, de tous les points du royaume, se réunir sous les yeux de l'autorité, exposer tous les besoins, faire entendre toutes les réclamations, accueillir toutes les plaintes que les plus obscurs des citoyens

ont le droit de leur adresser, et porter tous
les griefs à la connoissance de l'autorité, quel
besoin ont-ils de journaux politiques pour
voir, entendre ou parler? Et des écrivains qui
n'ont ni l'autorité de l'âge, ni celle de l'expérience, ni la connoissance que donne la
pratique des affaires, entraînés dans le tour-
billon de la capitale, au milieu de toutes les
rumeurs, de toutes les distractions et de tous
les plaisirs, ont-ils la prétention de connoître ce qu'ils appellent l'opinion publique
mieux que les pairs ou les députés de tous
les départemens? et si l'on dit que les journaux éclaireront et dirigeront les délibéra-
tions des chambres, ne peut-on pas demander qui est-ce qui éclairera et dirigera la
rédaction des journaux? Et quelles lumières, quelle direction les chambres pourroient-
elles recevoir de journaux opposés, contradictoires, fussent-ils redigés avec le même
talent, et qui tous donnent leur opinion
particulière pour l'opinion publique?

Aussi l'influence des journaux sur les
grandes mesures politiques est à peu près
nulle. L'habile Angleterre, qui proclame
partout le bienfait de la liberté de la presse,

punit sévèrement, même discrétionnaire-
ment, les libelles qu'elle ne caractérise que
par l'arrêt qui les condamne, et traite chez
elle les journaux politiques avec une indifférence voisine du mépris. Elle n'a garde de
les consulter sur les résolutions de son cabinet, et lorsqu'on voit leur impuissance dans
la cause des catholiques d'Irlande, et même
dans celle des Grecs, dont assurément ils
n'ont pas hâté le tardif et équivoque succès,
on se demande à quoi ils sont bons, et quel
secours peut en tirer la société? En France,
l'honorable courage de quelques journaux,
dans les jours de la terreur, consoloit les
victimes par l'espoir d'un changement pro-
chain et leur sembloit une vengeance; mais
au fond qu'ont-ils empêché, et les journaux
qui justifioient les erreurs, les extravagances,
les crimes même des tyrans, n'ont-ils pas eu
une toute autre influence que ceux qui se
hasardoient à les combattre?

Les particuliers n'en retirent pas plus
d'avantages que le public; ils n'empêchent
aucun des nombreux attentats qui se com-
mettent contre l'honneur, la vie, les propriétés des particuliers, et trop souvent ils y

2.

ajoutent les médisances, les calomnies, la
diffamation, et dans un gouvernement où
tous sont admissibles à tous les emplois, ils
servent merveilleusement l'ambition du pouvoir ou le regret de l'avoir perdu. On veut
qu'ils protègent les particuliers contre des .
abus d'autorité; mais, de bonne foi, sont-
ils si graves et si fréquens ces abus d'autorité, qu'il soit nécessaire pour les combattre
d'un instrument aussi meurtrier que les
journaux? Combien d'accusations n'ont-ils
pas intentées contre des fonctionnaires publics, surtout contre les ministres de la religion, sur la foi de dénonciateurs qui res-
tent toujours sous le voile de l'anonyme?
Et où sont les accusations qu'ils ont prou-
vées? Les administrations européennes pè-
chent par mollesse plutôt que par violence,
et le gouvernement de France auroit-il,
comme celui de Constantinople, le triste privilège de faire de ses agens autant de tyrans?
Disons-le donc, les journaux politiques
peuvent faire quelque bien aux particuliers en dénonçant la mauvaise humeur
d'un préfet, l'administration négligente ou
tracassière d'un maire, le zèle peu réfléchi

d'un curé; mais ils peuvent causer de grands maux à la société. Dans l'immense carrière du mal, l'action de la presse est sans limites de temps ni de lieu; elle parle partout, à toute heure et dans tous les temps; elle parle à toutes les passions, et toutes les passions lui répondent; elle parle sans être contredite, car ceux qui lisent les mauvais livres ne lisent pas les bons, et elle fait du mal sous toutes les formes dans des livres sous tous les formats. Les journaux, lus, comme ils sont composés, sans réflexion, avec précipitation, lus et composés comme une tâche journalière qui doit paroître tous les jours à heure fixe, sous le même format toujours rempli, tuent toutes les habitudes graves et sérieuses de l'esprit qui ne peut s'arrêter à rien, et s'use à recevoir des impressions si fugitives, continuellement effacées par cette succession rapide de raisonnemens contradictoires, de faits incertains, de conjectures hasardées, avancées un jour, démenties un autre, qui peuvent amuser un moment les gens oisifs, mais n'offrent aucune instruction solide aux hommes sensés. « L'homme qui ne lit jamais » un journal, écrivoit le président des Etats-

» Unis, est plus instruit que celui qui en lit,
» puisque celui qui ne sait rien est plus près
» de la vérité que celui dont l'esprit est rem-
» pli de mensonges et d'erreurs... Il est une
» triste vérité ; c'est que la suppression de
» la liberté de la presse, continue le même
» auteur, ne prive pas plus le peuple des
» avantages qui peuvent en résulter, que ne
» le fait la perversité avec laquelle on l'em-
» ploie à propager des faussetés. » Aussi, je
ne crains pas de le soutenir, quand il faudroit entendre la liberté constitutionnelle
de la presse comme l'entendent nos adversaires, et attribuer au mot *réprimer* le sens
exclusif qu'ils lui donnent, cette liberté
ne pourroit exister que pour les écrits graves, sérieux, les écrits qu'on retient et qui
demeurent, qui instruisent et qui honorent
la société dont ils sont l'expression. Mais
pour la littérature légère et fugitive des
journaux, qu'on ne retient pas, qu'on ne
garde pas ; cette littérature, non de la société, mais de l'homme, utile à ses passions, à ses intérêts, beaucoup plus propre
à troubler la société qu'à la servir, pourroit,
devroit même, à raison de son caractère dif-

férent, être soumise à une autre discipline;
et parce que ses effets sont plus prompts,
et qu'elle parle tous les jours, à tous les in-
stans, et se répand avec la rapidité de l'é-
clair d'un bout à l'autre du royaume, le
mal qu'elle peut faire doit être prévenu, car
la répression seroit toujours tardive; et ainsi
la presse périodique, ou non périodique,
sera libre autant qu'elle doit l'être sous
l'action de la justice qui punit ses écarts,
ou de la censure qui les prévient, comme
l'homme lui-même, dans la société, est libre sous l'action de la loi qui punit les délits .
ou de la police qui les empêche.

Et cependant, comme la licence de la
presse est un mal qui ne ressemble à aucun autre, on a inventé, pour la réprimer,
une jurisprudence spéciale, et qui n'a retenu des lois ordinaires aucune notion de
sagesse, de prudence, d'humanité, et n'est
assurément pas *la raison écrite*. Les délits de la presse seuls, entre tous les autres,
peuvent être punis et ne doivent pas être
prévenus : l'esprit du siècle et le progrès des
lumières le veulent ainsi....! Et cependant
quel est celui qui, informé qu'il va paroître

un écrit où sa famille, sa personne, son
honneur, sa fortune, seront compromis, ca-
lomniés, outragés, ne feroit pas et ne devroit
pas faire tout ce qu'il pourroit pour en prévenir la publication? Cet argument n'est
pris ni de bien haut, ni de bien loin, je le
sais, et néanmoins pour un bon esprit et
qui ne se paie pas de subtilités et de so-
phismes, il décideroit la question.

Tout cet échafaudage de mesures répressives porte sur un fondement ruineux, sur
le principe que les journaux sont une propriété; et que n'a-t-on pas dit sur ce sujet?
Qu'un journal soit une propriété à l'égard
d'un autre journaliste qui ne peut pas prendre un titre déjà occupé, pas plus qu'un fa-
bricant d'étoffes ne peut marquer les siennes
des empreintes d'une autre fabrique; que le
journal soit encore la propriété commune
des actionnaires pour le droit qu'ils ont à
s'en partager les produits, rien de plus vrai:
mais qu'un journal devienne une propriété
contre le gouvernement qui en a accordé
l'autorisation, c'est ce qu'on ne peut avancer sérieusement. Et quelle seroit en effet
cette propriété, et à quelle autre pourroit-

on la comparer? Ce seroit la propriété d'exploiter, à son profit, et comme une mine de houille ou le desséchement d'un marais, la fonction la plus importante et la plus inaliénable de l'autorité publique ; celle d'instruire les peuples et de les diriger dans les voies de la morale, de la politique, de la religion ; et on ne pourroit la comparer qu'à la propriété d'élever ses enfans qu'un père de famille aliéneroit au profit d'un instituteur. Mais cette propriété, si on peut appeler ainsi le premier des devoirs de l'autorité, est certainement inaliénable, comme toutes les propriétés publiques. Le gouvernement peut l'engager pour un temps limité, ou plutôt la confier comme il confie une chaire de droit public ou de tout autre enseignement. Il en fait une commission révocable et non une propriété, et encore il demande comme garantie, de celui à qui il la confie, des conditions d'âge, de capacité, de bons sentimens et de bonne conduite ; et pour quelle profession publique n'en demande-t-il pas? Et pour cette chaire qu'on appelle un journal ; cette chaire d'enseignement moral, religieux, politique, historique,

qui parle de si haut et de si loin, qui parle
à tant d'auditeurs à la fois, tous les jours et
à toute heure; pour cette censure journalière de tout ce qui se dit et se fait; pour
cette censure si vive et si amère sur les
choses et les personnes, sur les gouvernemens et les particuliers, sur les chambres,
sur leurs membres, sur leurs opinions, sur
le Roi lui-même; pour cette censure qui ne
veut pas être censurée, non-seulement l'E-
tat ne demanderoit de ceux qui l'exercent
aucune condition de capacité, de probité,
de véracité; mais il la livreroit comme spéculation de commerce à des écrivains qu'il
ne connoîtroit pas même de nom, que la
justice, en cas de délit, pourroit ne jamais
découvrir; et ces attaques anonymes ou pseu-
donymes, dont la complaisance intéressée
d'un propriétaire (responsable pour être
puni) ne racheteroit pas *l'indélicatesse;*
ces attaques anonymes, si justement réprou-
vées dans le commerce du monde, seroient
ici légales et autorisées!

Disons-le donc : un journal n'est et ne
peut être qu'une concession de l'autorité,
comme un brevet d'imprimerie, et pour la

même raison, et par conséquent en cas d'abus, révocables l'un comme l'autre à la volonté de l'autorité; et il n'y a pas de gouvernement possible, si toutes les concessions que l'autorité peut faire deviennent par cela seul des propriétés.

Tant que la presse n'a été que domestique, si je peux ainsi parler, je veux dire occupée de choses ou de sciences qui font l'entretien ou l'amusement du particulier, elle a pu être livrée aux spéculations particulières, comme toute autre profession privée; mais, lorsqu'elle est devenue politique, le gouvernement, tuteur naturel de tous les intérêts publics, a dû la considérer comme une profession publique dont la direction et la surveillance devoient lui appartenir, et non comme le patrimoine d'une famille ou la propriété d'un particulier; et si le journaliste est obligé de souffrir la critique particulière, pourquoi ne seroit-il pas soumis à la censure publique?

L'historien d'Angleterre, M. Hume, a fait un aveu qui devroit toujours être présent à l'esprit des législateurs dans toutes les matières où les intérêts publics et les intérêts privés se trouvent en contact et en conflit. *Depuis notre dernière révolution,* dit-il, *les intérêts privés sont mieux défendus, mais les intérêts publics sont moins assurés.* C'est ainsi que, dans la discussion sur la police de la presse, on a opposé l'intérêt privé des journalistes, des imprimeurs, de leurs ouvriers, à l'intérêt de la société, et compromis la fortune de l'Etat pour ménager la fortune des particuliers.

Des personnes estimables ont craint que les rigueurs exercées contre les mauvais ouvrages ne pussent en atteindre de bons et les empêcher de paroître.

Mais d'abord on ne peut pas prendre, contre la licence de la presse, des mesures préventives ou répressives dont les hommes, par erreur ou par passion, ne puissent se servir contre la liberté la plus légitime, pas plus qu'on ne peut instituer un tribunal, et le composer des plus honnêtes gens, qui ne puisse pas se tromper et condamner un innocent ou absoudre un coupable : c'est le sort de toutes les institutions humaines, et aucune législation n'y a encore trouvé de remède.

Mais il ne faut pas croire que la société puisse retirer autant de fruit des meilleurs ouvrages qui peuvent paroître sur les sciences morales, les seules qui soient l'objet des lois sur la presse, qu'elle a de mal à souffrir des plus mauvais. Les premiers, qui ne parlent qu'à la raison, graves et quelquefois jusqu'à la sévérité, ne sont lus que par le petit nombre; les autres, qui s'adressent aux passions, à l'orgueil, à la volupté, à l'esprit de révolte, embellis de tous les prestiges de l'esprit et des arts, trouvent de bien plus nombreux lecteurs dans les jeunes gens, dans les femmes, et les dégoûtent à jamais de toute lecture sérieuse. Le dirai-je? les sociétés chrétiennes n'ont plus rien à apprendre. En science morale, tout a été dit, et si une seule vérité nécessaire à leur existence leur eût manqué, elles n'eussent pu vivre et se développer. Elles ont sans doute beaucoup à apprendre en sciences physiques; mais sur celles-là la liberté la plus entière est laissée même aux erreurs les mieux démontrées, et aux systèmes les plus extravagans. Ainsi, quand une mesure préventive ou répressive auroit empêché ou retardé la pu-

blication d'un bon ouvrage, il y auroit eu
certainement plus de préjudice pour l'auteur que pour le public; et pourquoi supposer gratuitement que la justice ou la police, qui ont tant de mauvais ouvrages à
condamner, portent de préférence leurs rigueurs sur un ouvrage utile?

La sagesse du Roi, en rétablissant la censure, s'est adressée à la raison de ses peuples. Des passions habiles et exercées, descendues pour la combattre des hauteurs du rang et du génie, ont fait appel aux passions plébéiennes, ignorantes et aveugles. Déjà l'on trouve des écrits contre la censure, ou plutôt contre les censeurs, à la Halle et sur les échoppes, et l'on y lit des noms, (et quels noms)! à côté des paniers d'herbes et de poissons. Certes, c'est acheter un peu cher des satisfactions que je ne comprends pas.

Cette guerre de brochures a donc déjà commencé : il en a paru plusieurs; on en annonce d'autres. On va jusqu'à nommer les *actionnaires* et les *assureurs* de cette noble entreprise; car aujourd'hui en France tout se fait *par actions,* jusqu'au désordre et aux révolutions. Ces brochures, tirées déjà à 510 mille exemplaires, sont expédiées par envois réguliers, et distribuées gratuitement, sans que les *actionnaires* veuillent retirer

de cette immense avance d'esprit et d'argent
d'autre bénéfice que la gloire. C'est une industrie perfectionnée pour laquelle on auroit pu demander un brevet d'invention ; et
c'est au milieu d'une si étonnante profusion
de libelles, qu'on se plaint de la gêne ap-
portée à la liberté de la presse !

M. Hyde de Neuville est venu à son tour
fournir son contingent à la coalition, et,
comme les autres compositeurs de brochures, il a dédaigné d'appuyer, par des raisonnemens, son opinion sur la censure, et
il a trouvé plus facile et sans doute plus con-
cluant d'attaquer les personnes; c'est prin-
cipalement contre l'auteur de cet écrit qu'il
a dirigé ses accusations, et il a suivi en cela
l'exemple que lui avoit donné M. de Châteaubriand. Naturellement, et pour plus d'un
motif, ils n'auroient dû, ni l'un ni l'autre,
lui donner la préférence ; mais ils l'ont jugé
sans doute plus utile au succès de leur cause,
et quelles convenances ne cèdent pas aux
convenances des partis ! Je commence par
la brochure de M. Hyde de Neuville, comme
celle qui m'est le plus spécialement dédiée.
Le grand reproche qu'il m'adresse est d'a-

voir varié dans mes opinions sur la censure
préalable. C'est ce qu'il verra tout à l'heure ;
mais avant de lui faire connoître son erreur, je dois relever sa partialité. Il finit sa
brochure par ces mots : « Mais j'oublie que
» je traite des inconséquences ministériel-
» les. » Mais il oublie autre chose ; il oublie
de traiter des inconséquences de ses amis,
et pour remettre sa mémoire sur la voie, je
lui conseille de lire dans le *Conservateur*,
et dans d'autres écrits de M. de Châteaubriand, les passages cités dans les n^{os} récens
de la *Gazette Universelle* de Lyon, et dont
l'écrit qu'il a sous les yeux lui rappellera
une partie.

Au fond, et je suis loin de m'en préva-
loir pour ma défense ; il y a trop de simplicité
à reprocher des variations d'opinions, sur
quelques questions administratives, à des
hommes obligés de prendre part aux affaires
publiques, dans des gouvernemens aussi mo-
biles et aussi orageux que le gouvernement
représentatif : reproche-t-on au navigateur
lancé sur une mer agitée de ne pas toujours
marcher droit et debout ? En Angleterre,
on n'a garde de tomber dans cette niaise-

rie, et les détracteurs les plus acharnés de
M. Canning ne lui ont pas fait un crime
d'avoir été partisan enthousiaste du célèbre
Burcke, quoiqu'il y eût, entre les opinions
de ce profond publiciste et les derniers actes
du ministère de M. Canning, autant de dif-
férence qu'entre le jour et la nuit.

Je ne désavoue donc aucun des passages
de mes écrits sur la liberté de la presse cités avec tant d'affectation par MM. de Châteaubriand et Hyde de Neuville, les seuls
dont j'aie parcouru les brochures qui en ont
produit tant d'autres, et les seules auxquelles
je répondrai pour la première et la dernière
fois; je ne rétracte même aucun des éloges
donnés aux journaux rédigés dans un esprit
de fidélité à la religion, à la monarchie et à la
personne du Roi; et cependant MM. de Châteaubriand et Hyde de Neuville ne seront,
l'un ou l'autre, pas plus avancés des concessions que je leur fais.

-Je ne peux, je l'avoue, revenir de mon
étonnement, que ces messieurs aient trans-
formé en ennemi de la censure le plus dé-
terminé partisan et le plus publiquement
défenseur de cette mesure. J'ai six fois écrit

ou parlé sur la liberté de la presse : à commencer à 1814, j'ai demandé la censure
pour les écrits non périodiques, et je n'ai
pas même parlé des journaux. Le 28 janvier
1817, j'ai parlé à la tribune sur la liberté
de la presse, et j'ai demandé la censure
pour les écrits non périodiques, et pour les
journaux la répression judiciaire dans une
forme particulière ; le 19 décembre 1817,
encore la censure sur les écrits, et le 17 août
1819, toujours la censure sur les écrits non
périodiques, et je ne dis pas un mot des
journaux. En 1821, dans un écrit distri-
bué aux chambres, éclairé sur l'insuffisance
des lois répressives, je les déclare *impos-*
sibles à faire, impossibles à exécuter, et
je demande la censure sur tous les écrits
périodiques ou autres. Enfin, l'année dernière 1826, je demandai également pour
les journaux la censure que j'avois toujours
demandée pour les écrits, et encore faut-il
observer que, dès le 28 janvier 1817, c'est-
à-dire la première fois que je parlai à la
tribune sur la liberté de la presse, je ne pro-
posois pas contre les journaux la répression
judiciaire dans les formes ordinaires ; mais

je demandois que les délits dont ils pourroient se rendre coupables fussent poursuivis par un magistrat spécial, et plus tard,
le 19 décembre 1817, je demandai qu'ils
fussent jugés par un jury spécial. Je don-
nerai à la fin de cet écrit les pièces justifi-
catives de ces assertions.

Il est vrai que, soit prévention d'auteur
pour les ouvrages sérieux, soit souvenir du
mal que les grands ouvrages avoient fait à
la société dans le siècle précédent, je croyois
trop exclusivement à leur puissance, et pas
assez à celle des journaux, et je n'imaginois
pas que ces feuilles légères, composées sans
réflexion, lues sans attention et aussitôt ou-
bliées, pussent prendre une si funeste influence sur les esprits dans une nation aussi
éclairée que la nôtre. C'étoit une erreur, et
j'en conviens ; je ne voyois que le bien qu'ils
avoient fait, et je ne voyois pas le mal qu'ils
pouvoient faire. Nos adversaires ne se sont
jamais trompés, je le crois, c'est assurément
un rare bonheur ; mais ces messieurs abusent
évidemment de leur privilège d'infaillibilité,
lorsqu'ils accusent d'avoir été ennemi de la
censure qu'il demande aujourd'hui, un écri-

vain qui l'a toujours demandée pour les
écrits telle qu'elle existoit sous l'ancien gouvernement, et telle qu'elle n'eût pas manqué
d'exister pour les journaux politiques, s'il y
en eût eu alors. Avec un peu de bonne foi,
si l'on pouvoit en demander dans les temps
de faction, on auroit jugé que celui qui de-
mandoit continuellement la censure pour
les écrits non périodiques, devoit la demander pour les autres, lorsque l'expérience de
l'inutilité des lois répressives et des condamnations, et la licence toujours crois-
sante des journaux, lui en auroient démon-
tré la nécessité, et que, revenir sur une
erreur que l'expérience a fait reconnoître,
n'est pas inconstance, mais sagesse et devoir.

Je vais plus loin, et quand j'aurois été
jusqu'en l'année d'exécrable mémoire 1820,
opposé à toute espèce de censure, il eût suffi,
pour me ramener à d'autres sentimens, de
ces paroles terribles de M. de Châteaubriand : « Oui, ce sont vos exécrables doc-
» trines qui ont assassiné cet enfant de l'exil,
» ce Français héroïque, ce jeune et infor-
» tuné Berri; » et je me serois cru provo-

cateur et complice d'un nouveau forfait, si je n'avois pas appuyé de toutes mes forces la censure préalable, comme le seul moyen de préserver la société du retour de ces *exécrables doctrines.*

D'ailleurs, après l'expérience de la fatale influence des journaux et de l'inutilité de la répression judiciaire (puisque la licence des journaux s'est accrue à mesure que les lois prétendues répressives et les condamnations se sont multipliées); après cette expérience, dis-je, l'opinion du Roi sur la censure auroit achevé ma conviction. Je ne suis pas de ceux qui, tout en faisant de l'opposition, entonnent des hymnes de louange en l'honneur du Roi. Je ne le loue pas, j'obéis, quoi qu'il m'en coûte; j'accorde au devoir ce que j'aurois refusé à tout intérêt d'ambition ou de fortune. Je pense, avec ces lois qu'on a appelées la *raison écrite,* que c'est au législateur qu'il appartient d'interpréter les lois qu'il a données : *Ejus est interpretari cujus est condere.* La Charte le juge ainsi, puisqu'elle laisse au Roi le droit de faire telles ordonnances que les circonstances peuvent demander, et je n'ai pas l'orgueil de croire en savoir plus que lui sur les intérêts de son pouvoir et les besoins de la société.

Sans doute, si j'avois varié dans ma conduite publique et mes principes religieux et politiques; si j'avois passé d'un camp à l'autre, aujourd'hui royaliste, demain partisan de la souveraineté du peuple; si j'avois trahi par un lâche silence, ou même ouvertement attaqué des doctrines que j'aurois long-temps et hautement professées; si, aigri par des injustices personnelles ou par des malheurs, je m'étois séparé d'hommes dont j'aurois estimé le caractère et partagé les sentimens, pour me réunir à d'autres dont j'avois si long-temps combattu les opinions, sans doute alors M. Hyde de Neuville et ses amis auroient pu m'accuser de variation : mais sur des questions d'administration je ne suis pas assez infatué de mes premières idées pour y tenir opiniâtrément, lorsque l'expérience, qui n'est perdue que pour les sots, ou de meilleurs conseils viennent m'avertir de leur danger ou de leur insuffisance. Ainsi, j'ai défendu par de bonnes raisons la répression judiciaire pour les

journaux, et depuis, les événemens m'en
ont donné de bien meilleures pour la censure, et je ne me crois pas plus coupable de variation que si, après avoir long-
temps défendu les impôts directs comme
préférables à tous autres, je venois à reconnoître que les impôts indirects sont plus
avantageux. Tout ce qu'il y a de constitutionnel et de nécessaire dans la question de
la liberté de la presse, est que cette liberté
soit assurée contre la licence, sa mortelle
ennemie, par une répression préalable ou
subséquente, répression indifférente en elle-
même, pourvu qu'elle soit efficace; tout
ce qu'il y a de constitutionnel et de nécessaire est que l'on puisse publier des pensées
utiles. Or, on peut parler autant et même
mieux dans un écrit non périodique que
dans un journal; le format n'y fait rien,
et la question des journaux, ainsi considé-
rée, n'est plus pour les uns qu'une affaire
de parti, et pour les autres qu'une affaire
d'argent.

M. Hyde de Neuville m'oppose ce que
j'ai dit en parlant de la Charte, à propos
seulement de la liberté de la presse : « Je

» la demande avec tous ses principes, je
» l'accepte avec toutes ses conséquences. »
Qu'en peut-il conclure? Il ne s'attache qu'à
la lettre morte de la Charte, sur laquelle encore il se trompe : j'en prends la lettre et
l'esprit. Il croit que la Charte a fait de la
répression judiciaire des abus de la presse
périodique une nécessité si absolue, si ex-
clusive, que si ce moyen est insuffisant,
l'État dût-il périr, on ne peut pas en employer d'autre, et il méconnoît en cela l'esprit, et j'ose dire, le bon sens de la Charte.
Il croit que le mot *réprimer*, qui se trouve
dans l'article 8, ne peut s'entendre que
de la répression subséquente et judiciaire,
et il se trompe même sur la lettre; car il
suffit d'entendre le français pour savoir que
le mot se *conformer* aux lois qui répriment,
ne peut s'appliquer qu'à la répression préalable ou à la censure, parce qu'on *subit* les
lois qui punissent, et qu'on ne peut se *conformer* qu'aux mesures qui préviennent.
Mais je vais plus loin, et je ne crois même
pas que la Charte ait attaché assez d'importance à ces feuilles éphémères que le même
jour voit naître et mourir, pour avoir mis

tant d'intérêt à leur libre circulation. La
Charte, en déclarant le droit de publier ses
opinions, n'a pu, par opinions, entendre
que des doctrines, et les journaux, même
les meilleurs (car je ne les confonds pas tous
dans le même reproche), ne sont pas plus
des écrits de doctrine que les almanachs ne
sont des livres d'histoire.

J'ai cité avec éloge ce mot d'un député :
« Les journaux expriment l'opinion publi-
» que et ne la font pas; » et M. Hyde de
Neuville croit par ces paroles condamner la
censure : mais quand les royalistes étoient
unis, il y avoit une opinion véritablement
publique, et une seule opinion que les journaux pouvoient exprimer, mais que certainement ils n'avoient pas faite. Aujourd'hui
que les royalistes sont divisés, il y a une
autre opinion qui est loin d'être l'opinion
publique, et celle-là, les journaux l'ont faite
et répandue.

M. Hyde de Neuville parle d'opposition,
et de celle que j'ai faite et de celle qu'il fait
aujourd'hui.

Je me suis élevé contre la dissolution de
la chambre de 1815. Je me suis opposé au

divorce, à la vente des biens du clergé, à l'excessive extension du crédit comme système, aux élections trop populaires, etc.

La grande colère de M. Hyde de Neuville et de ses amis a eu pour objet le 3 pour cent, opération utile en elle-même, quoique peut-être prématurée; noble question, non pas d'intérêt public, mais d'intérêt usuraire d'un ou deux pour cent, devenue si long-temps l'unique entretien politique et, peu s'en faut, littéraire de la France; question toute parisienne, comprise à peine à vingt lieues de la capitale, et qui, malgré tout ce qu'on a dit et prédit, n'a pas empêché que le 3 pour cent n'approche aujourd'hui de son pair, et que le 5 n'ait depuis long-temps dépassé le sien.

Un autre sujet d'opposition a été le *ministérialisme* des ministres, reproche qui attend tous les ministres, quels qu'ils soient, et leurs amis, et qu'il est assurément difficile de comprendre sous un gouvernement où la signature même du Roi n'a pas de cours, si elle n'est *endossée* par ses ministres, et où il est défendu à ceux-ci même de prononcer son nom dans les discussions parlementaires.

S'il est quelques autres mesures de poli-

tique qui aient provoqué le courroux de
l'opposition, j'oserai dire que, même à les
supposer fausses ou imprudentes, elles pouvoient faire bien moins de mal à l'Etat que
la division des royalistes, de tous les dangers
le plus grand dans un gouvernement tel que
le nôtre, et peut-être le seul qu'il ait à craindre. Aussi c'est le danger de cette division que
la Charte a voulu prévenir, en ne permettant
d'accuser les ministres que pour trahison ou
concussion. Le législateur a sagement pensé
que, s'ils pouvoient être perpétuellement
attaqués par toutes les passions haineuses
ou jalouses, pour des fautes ou des erreurs
inévitables dans la conduite d'affaires aussi
compliquées, aussi difficiles, aussi variées que
celles d'un grand Etat, dont la politique particulière ne sauroit être indépendante de la
politique générale du reste de l'Europe, il
n'y auroit plus de tranquillité pour l'administration ni de sécurité pour les administrateurs, mais un changement continuel
d'hommes et de choses, et malgré tous les
changemens d'hommes et de choses, toujours des fautes et toujours des erreurs !

Je le dis donc avec une profonde conviction : la France, qui a résisté à tant de crimes, de fautes et de malheurs, ne résisteroit pas long-temps à la division des royalistes. C'est une armée qui se débande en présence de l'ennemi, et dont même une partie passe dans ses rangs. Et n'avons-nous pas vu des royalistes préférer, dans les élections, des ennemis du Roi à des royalistes partisans du ministère, conduite que rien ne peut justifier; et qui peut avoir tous les effets d'une trahison? Les torts du ministère envers des particuliers n'excusent pas l'opposition aux mesures politiques du gouvernement, lorsqu'elles ont reçu la sanction des chambres et du Roi lui-même; et jamais il n'est permis de faire une opposition publique de ses ressentimens personnels. La loi veut que le juge se récuse dans toute affaire civile ou criminelle, lorsqu'il peut être convaincu ou seulement légitimement soupçonné de haine ou de ressentiment contre une des parties; les membres des deux chambres sont aussi les juges des ministres, et il y a, surtout en France, des sentimens de convenances plus impérieux que des lois positives.

En général, on ne voit la cause des maux

qui travaillent toute l'Europe, que dans les hommes et leurs erreurs; il faut la voir surtout dans les choses et leur irrésistible influence, et l'on se sent alors disposé envers les hommes à plus de justice ou d'indulgence.

Je sais qu'aux yeux des hommes passionnés, qui ne voient d'indépendance que dans la révolte, de fermeté que dans l'injure, de force d'ame que dans la vengeance, justice ou indulgence envers les ministres passe pour de la servilité, et qu'ils ne manquent jamais d'y chercher des motifs d'ambition ou d'intérêt, même de supposer le bienfait, pour faire croire à la reconnoissance (1). On doit s'attendre à ces injustices, même quand on est sans ambition et qu'on n'a jamais rien demandé, et l'on en trouve le dédommagement dans la satisfaction d'avoir rempli un devoir.

M. le vicomte de Châteaubriand m'a fait l'honneur de me citer, à propos de la censure, dans un discours qu'il a prononcé à

(1) C'est ainsi que quelques pamphlétaires ont supposé que les membres du conseil de censure étoient payés, quoiqu'ils sachent le contraire, et que d'autres le répètent sans y croire davantage.

la chambre des pairs ; il me cite encore dans
la brochure qu'il a publiée : avec un peu
moins de modestie ou un peu plus de mémoire, il auroit pu se citer lui-même.

J'expliquerai mes paroles et je suppléerai
au silence qu'il garde sur les siennes.

Je peux me rendre cette justice, que j'ai
toujours demandé la censure pour les ouvrages ou écrits non périodiques ; mais je
ne la demandois pas pour les journaux, dans
les premiers jours de la restauration, et au
sortir d'une révolution où les meilleurs et
les plus accrédités avoient, autant qu'ils l'a-
voient pu, attaqué avec courage les différentes usurpations qui s'étoient succédées,
et lorsqu'ils étoient encore tout meurtris des
fers de la sévère censure de Buonaparte. D'ailleurs, lorsque j'écrivois les lignes que cite
M. de Châteaubriand, nous n'avions vu encore ni la nomination du régicide à la chambre des députés, ni l'assassinat de l'infortuné
duc de Berri ; nous n'avions pas vu de hon-
teuses défections : les écrivains royalistes,
réunis sous le même drapeau, combattoient
avec avantage les journaux d'une opposition
qui rêvoit des conspirations en faveur de

l'homme de Sainte-Hélène, et se repaissoit d'illusions. Après tout, je devois croire à l'efficacité des lois répressives, et loin de désavouer tout ce que j'en ai dit alors, écrivain moi-même, et quelquefois dans les journaux, plus ami que qui que ce soit de la véritable liberté de la presse, mais plus ami encore de l'honneur de la presse, je suis prêt à le confirmer pour tous les écrits qui respectent tout ce qui doit être respecté.

Mais à la même époque, le noble pair à qui je réponds, plus prévoyant que moi ou moins confiant dans la sagesse des journalistes, écrivoit dans *la Monarchie selon la Charte :* « La liberté de la presse *ne peut* » *exister* sans avoir derrière elle une loi » terrible, *immanis lex, qui prévienne* la » prévarication par la ruine, la calomnie » par l'infamie, les écrits *séditieux* par la » prison, l'exil, et quelquefois LA MORT. » Prévenir par la mort!!! il me semble qu'il est plus humain et tout aussi efficace de prévenir par la censure....

Plus tard, et peu de jours après l'assassinat de l'infortuné duc de Berri, il s'écrioit : « Il y a peste européenne, et cette peste sort

» de vos doctrines antisociales.... Quand on
» vous entend parler vertu et principe sur
» le tronc sanglant de Louis XVI et sur le
» cadavre du duc de Berri, on recule d'hor-
» reur, et Constantinople semble ne pas
» avoir assez de despotisme pour se mettre
» à l'abri de votre liberté. Oui, ce sont vos
» exécrables doctrines qui ont assassiné cet
» enfant de l'exil, ce Français héroïque,
» ce jeune et infortuné Berri..... *Malheu-*
» *reux !* qui osez reprocher aux royalistes
» une *censure* momentanée, n'est-ce pas
» vous qui avez, dans tous les temps, flé-
» tri la cause de l'indépendance? N'est-ce
» pas vous qui, par vos excès, avez forcé
» les honnêtes gens de se réfugier dans le
» pouvoir? » Ces passages sont tirés du *Con-*
servateur. L'on en pourroit citer vingt autres de la même force et du même écrivain,
et c'est ce qu'a fait la *Gazette Universelle*
de Lyon.

Les rôles, comme on le voit, sont chan-
gés. Aujourd'hui que la licence de la presse
a passé toutes les bornes, qu'elle est allée
plus loin qu'aux jours d'exécrable mémoire
dont parle M. de Châteaubriand, je demande

la censure, et j'ignore ce que demande
l'illustre pair, qui s'est opposé avec tant de
véhémence à la loi répressive présentée par
le gouvernement.

L'heureux talent de l'illustre pair le dis-
pense de toute discussion sérieuse, et les
éclairs de sa brillante imagination suffisent
à la raison de ses nombreux admirateurs ;
mes lecteurs, d'une conception moins vive,
demandent un peu plus. Hors d'état de les
éblouir, je n'aspire qu'à les convaincre, et
je réduis la question de la liberté de la
presse à ses termes les plus précis et les plus
simples. Il n'y a que trois partis à prendre
sur les écrits périodiques :

1° Liberté entière, absolue, illimitée, sans
contrôle ou répression d'aucune espèce ,
préalable ou subséquente ;

2° Répression judiciaire ;

3° Censure.

Personne, du moins en théorie, ne vou-
droit de liberté absolue, ou plutôt d'une
licence sans frein ; et s'il en est qui la désirent, ils n'oseroient l'avouer.

Reste donc la répression judiciaire et la
censure préalable ; or, je ne crains pas d'a-

vancer que la répression judiciaire des abus de la presse est inutile, dangereuse, impossible même. Les nombreuses lois répressives de la licence de la presse portées depuis la restauration, en ont donné la preuve, et la dernière loi adoptée à la chambre des députés, et retirée de celle des pairs, auroit complété la démonstration. Aussi a-t-on vu, depuis 1815, la licence croître à mesure que les lois répressives et même les condamnations se sont multipliées.

L'erreur de nos lois sur cette matière est de n'avoir vu le délit de la publication que dans la vente de l'écrit à bureau ouvert, au lieu de le voir dans l'impression (1). Tout écrit imprimé est un écrit publié, et je défie qu'on cite un seul ouvrage remarquable par le nom de l'auteur, l'intérêt du sujet ou le mérite de la composition et du style, qui, une fois imprimé, n'ait pas été tôt ou tard connu du public.

Ainsi, quand l'écrit est imprimé, le mal

(1) La loi voit-elle le crime de fausse monnoie uniquement dans la *circulation* des pièces fausses, ou dans leur fabrication clandestine? et un mauvais livre n'est-il pas comme de la fausse monnoie dans la circulation des idées?

4

est fait, et la condamnation postérieure de
l'auteur par les tribunaux, en piquant la
curiosité du public, ne fait que mieux connoître ce qui auroit dû rester ignoré.

Les poursuites judiciaires donnent lieu à
une plaidoirie toujours plus scandaleuse
que l'écrit poursuivi, dans laquelle un défenseur ne fait qu'étendre et justifier, devant
un nombreux auditoire, ce que l'accusé a
écrit de plus séditieux ou de plus impie, et
cette plaidoirie, reproduite dans les feuilles
publiques, devient elle-même un mauvais
écrit de plus. Les exemples recens ne manquent pas.

Les tribunaux peuvent suffire à juger des
écrits sérieux chez une nation où le métier
d'écrivains n'est pas celui de tout le monde,
et n'est le partage que du petit nombre
d'hommes voués à l'étude des lettres; mais il
seroit aujourd'hui en France physiquement
impossible aux tribunaux de la capitale de
suffire à l'examen de tout ce qui paroît de
livres ou de brochures, et moins encore à
la lecture, au jugement, à la condamnation des journaux quotidiens; et avec les
formes nécessairement lentes d'une répres-

sion judiciaire, l'année entière ne suffiroit pas à juger les écrits d'un mois.

Nos lois précises ne punissent de délit que celui de l'expression : et quelles facilités n'offre pas la langue française, si souple et si rusée, à l'esprit français, si moqueur ou si fin, pour envelopper des pensées coupables d'expressions innocentes, pour déguiser ce que l'on veut dire, ou faire entendre ce que l'on ne dit pas ! L'appréciation du degré de culpabilité d'un écrit est une opération toute intellectuelle, dans laquelle chaque juge peut avoir une opinion différente, selon le degré de son intelligence et la portée de son esprit; les uns y voient mieux ou autrement que les autres; il devient impossible de concilier les dissentimens, surtout lorsqu'aucun tribunal supérieur ne peut revoir les jugemens, et l'acquittement seul peut mettre tout le monde d'accord.

Enfin, et cette dernière considération est d'une haute importance, aujourd'hui que les écrits jouent un si grand rôle dans la société, la répression judiciaire de la licence de la presse met les agens amovibles du gou-

vernement à la merci d'une magistrature in-
amovible, et donne à celle-ci une existence
politique que la Charte lui refuse, et je ne
crains pas de dire que la magistrature en
France est trop forte pour le gouvernement.
Un tribunal qui marche d'accord avec le gouvernement se confond avec lui, comme la
fonction se confond avec le pouvoir dont elle
émane; mais s'il résiste au gouvernement,
ou seulement s'il l'abandonne pour marcher
seul dans ses propres voies, il n'est plus fonction; il s'érige en pouvoir indépendant, et
tous les efforts du gouvernement pour le ramener à lui et obtenir son appui, échouent
et se brisent contre son inamovibilité. Les
résistances des parlemens sur le fait d'impôts
devenus nécessaires (car les parlemens ne
refusoient jamais justice à l'autorité royale
contre les délits de la presse (1)), ont hâté la
chute de l'ancien gouvernement; et le déni
de justice de la part des tribunaux actuels
auroit le même effet, si l'on pouvoit supposer
que des juges égarés par un vain désir de

_____

(1) C'étoit plutôt le gouvernement qui refusoit aux parlemens
la répression des délits de la presse.

popularité, par des motifs personnels d'ambition ou de ressentiment, ou faute de vues
politiques étrangères à leurs travaux habituels et à leurs connoissances judiciaires, re-
fusassent au gouvernement l'appui qu'il leur
demande.

Mais sans recourir à des suppositions peu
vraisemblables, on peut assurer que les juges
n'appliqueront jamais qu'avec répugnance
les lois répressives; que plus elles seront sévères, moins ils seront disposés à en faire
usage, parce que leur raison s'indigne que
le gouvernement leur impose la triste fonction de poursuivre, de condamner, de punir des délits, lorsqu'il suffiroit, pour leur
en épargner la connoissance, de supprimer
quelques pages d'un livre ou quelques lignes d'une page.

Le gouvernement, poussé à bout par la
licence de la presse, avoit fait la faute de
donner aux tribunaux un pouvoir politique
immense, dans la loi de *tendance* qui les
auroit rendus maîtres des journaux et des
journalistes. Si les tribunaux avoient accepté le présent, la constitution en auroit
été changée. Si c'est sagesse et modération

de leur part de l'avoir refusé, il faut les en louer; mais ils ont manqué une belle occasion de jouer le rôle dont on leur suppose la prétention.

Encore si nos lois laissoient à quelques grands-juges en petit nombre, comme en Angleterre, un pouvoir discrétionnaire pour juger les délits de la presse, qu'on peut appeler aussi des délits *discrétionnaires*, et que nos mœurs judiciaires, aussi sévères que celles de nos voisins, permissent aux juges d'infliger ces amendes énormes qui ne laissent aux coupables d'autre alternative que celle d'une prison perpétuelle ou d'un bannissement volontaire, la répression judiciaire des délits de la presse seroit peut-être possible; mais, je le demande, que sont quelques mois de retraite pour des *éditeurs responsables,* qui ne demandent pas mieux que d'aller en prison, et qui tirent plus de profit de leur détention que de leur liberté, ou même pour des propriétaires responsables, qui, n'étant pas du tout coupables du délit, ne peuvent regarder la prison que comme un arrangement de convention pour conserver leur fortune, et non comme un châtiment?

Que sont des amendes de quelques cent francs, ou même de quelques mille francs, quelquefois de seize francs seulement, pour des partis riches à millions, qui, en commandant un écrit bien séditieux ou bien impie, placent leur argent *à la grosse aventure* sur des espérances et des chances de révolution ?

Mais ce qui rend tout-à-fait insuffisante, ou même impossible, toute répression efficace, est la précision de nos lois criminelles, qui fixent une limite au châtiment, tandis que la nature n'en a fixé aucune à la malice et à la gravité du délit. Le législateur a mieux présumé de la modération du méchant que de l'équité du juge ; et en interdisant à celui-ci le libre usage de son jugement pour proportionner la peine au délit, tandis que le malfaiteur conserve toute la liberté de ses passions, de son esprit, pour commettre le mal, elle a à peu près placé le juge dans la position d'un homme qui, assailli de tous les côtés, ne pourroit parer que les coups qui lui seroient portés en face.

Je n'ai pas parlé du jugement par jury, que quelques-uns des plus habiles auroient voulu appliquer à la répression des délits de la presse. Cette institution est plus en harmonie avec le gouvernement représentatif, parce que, n'étant que temporairement en exercice, et jamais composée des mêmes hommes, elle ne peut pas devenir, comme des tribunaux permanens et inamovibles, une puissance rivale du gouvernement (1); mais, outre qu'il faudroit former un jury spécial pour juger les productions de l'esprit (ce que j'ai proposé en 1817), le jugement par jury auroit le même inconvénient que le jugement par les tribunaux ordinaires, celui de ne venir qu'après l'impression de

(1) Il n'y a qu'une constitution politique très-forte qui puisse se défendre contre l'usurpation de la part des tribunaux criminels inamovibles, parce que ces tribunaux sont une institution politique et la seule institution judiciaire nécessaire. On peut en effet arranger ses affaires civiles sans juges, par arbitres, ou par composition amiable des parties entre elles; mais on ne peut pas se rendre justice à soi-même dans une affaire criminelle, et le consentement ou même la volonté contraire de la partie lésée ne peut pas empêcher l'action de la justice, indépendante, sur ce point, du gouvernement et des particuliers. C'est là le vrai motif de l'établissement du jury dans le gouvernement représentatif, et non assurément l'intérêt de la vindicte publique, et moins encore l'intérêt des jurés.

l'écrit, et de donner également lieu au scandale de la défense. Il ne manqueroit plus que de donner aux jurés les livres à lire et à juger pour achever de dégoûter des fonctions de juré les citoyens qui déjà ne se portent qu'avec répugnance à juger des crimes matériels. Je conseillerois, dans ce cas, de doubler l'amende contre les refusans et les retardataires; et ce seroit, il faut en convenir, un singulier moyen de faire disparoître l'édition d'un mauvais livre, que d'en donner à lire un exemplaire à chaque juré.

Il ne faut pas s'y tromper, le parti libéral n'a demandé avec tant d'instance et d'opiniâtreté la répression judiciaire des délits de la presse, que parce qu'il sait très-bien qu'elle est inutile, dangereuse, impossible même par les tribunaux, plus inutile, plus dangereuse, plus impossible encore par le jury. Si la répression judiciaire eût été possible, ce même parti auroit demandé la censure, et le mot *réprimer*, sur lequel il a tant chicané, ne l'auroit pas embarrassé.

Il ne reste donc que la censure, moyen

le seul efficace, le seul moral, le seul humain, qui puisse rassurer la société sans rigueurs contre les personnes. Aussi a-t-elle été la première pensée de tous les peuples civilisés qui ont voulu se défendre contre la licence des écrits; aussi a-t-elle été pratiquée en France aux plus beaux jours de notre littérature, et envers nos plus célèbres écrivains; aussi l'est-elle encore dans toute l'Europe, l'Angleterre exceptée, qui traite la liberté de la presse avec indifférence, ne lui permet de prendre aucune influence sur les résolutions du cabinet, l'abandonne aux oisifs de café, et ruine auteurs et imprimeurs, lorsqu'ils vont trop loin.

Elle a été plusieurs fois rétablie depuis la restauration (je fais grâce à quelques personnes de leur opinion sur la censure au temps de Buonaparte), et quoi qu'on ait pu dire, elle est dans la Charte, qui, en permettant la liberté des opinions, n'a pu entendre que la liberté de publier des opinions réfléchies, fruit de l'étude et de l'expérience, et non des opinions improvisées tous les matins, et qui ne sont trop souvent que les rêves d'une mauvaise nuit. La censure est encore dans

la déclaration de Saint-Ouen, du 2 mai
1814. « La liberté de la presse sera respec-
» tée, sauf les précautions nécessaires à la
» tranquillité publique. » Et faut-il attendre
que le sang d'un autre prince ait coulé pour
prendre la seule précaution efficace contre
des écrits qui arment les citoyens contre le
gouvernement, et des doctrines qui attentent
tous les jours à la religion et à la royauté?
Certes, il étoit temps de sortir de cette opposition sans fin et sans relâche, dont l'a-
mertume et la violence ont trahi trop souvent les motifs personnels et ôté toute gravité
à ses discussions, et toute autorité à ses jugemens. Malheureusement telle est la mali-
gnité humaine, que les écrits de l'opposition
sont toujours lus avidement, même chez les
peuples les plus heureux, et par les hommes
les mieux intentionnés; et cette vogue, dont
leurs auteurs s'applaudissent comme d'un
succès et de la preuve de l'adhésion de l'o-
pinion publique à leurs opinions personnelles, n'est que l'effet de cette secrète disposition à secouer le joug de l'autorité, qui
se trouve au fond de notre nature. Mais les
écrivains qui se sont une fois engagés dans

cette voie, obligés d'alimenter la curiosité
de leurs lecteurs, et de la tenir continuellement en haleine, sont entraînés plus loin
qu'ils ne voudroient et qu'ils n'avoient cru,
et se placent ainsi dans une situation violente dont il leur tarde à eux-mêmes de
sortir.

Et croit-on que les hommes raisonnables
qui écrivent dans les journaux, ne sentent
pas aujourd'hui le danger de confier à tous
les esprits, même les plus faux, les plus
passionnés, les moins instruits, la terrible
liberté d'endoctriner tous les jours, en religion et en politique, un public composé
partout, en plus grande partie, d'esprits faux,
ignorans et passionnés ; de mettre cette
arme meurtrière de la presse à la disposition
continuelle de l'orgueil, de la cupidité, de
l'ignorance, de l'ambition, du ressentiment?
Et je n'ai pas parlé du plus grand de tous
les dangers, celui de mettre la tranquillité
publique à la merci de l'étranger, en offrant
à sa jalousie l'occasion de solder les talens
d'un factieux, les ressentimens d'un mécon-
tent, les projets d'un ambitieux; et cette
influence de l'or étranger n'a-t-elle pas été

légitimement soupçonnée dans plus d'un
évènement de notre révolution?

Je n'ignore pas que le parti libéral se révolte contre toute espèce de police, et autant contre la police civile sur les actions
extérieures, que contre la censure ou la police littéraire sur les pensées publiées par
la presse; et que les préfets, les directeurs
de police et leurs agens, et jusqu'aux gen-
darmes, lui sont aussi odieux que les censeurs: cela s'explique assez naturellement;
et qu'est en effet la liberté de publier impunément toutes ses pensées, si l'on na pas
l'entière liberté des actions qu'elles peuvent
inspirer?

Les adversaires de la censure vont jusqu'à
prétendre que cette liberté illimitée d'écrire
est une des libertés publiques, et la plus
précieuse de toutes. C'est un étrange abus
de mots que d'appeler liberté publique, c'est-
à-dire apparemment, liberté de l'État tout
entier, la spéculation particulière de quelques jeunes anonymes qui exploitent à leur
profit, et comme une industrie ou une propriété patrimoniale, la religion, le gouvernement, les lois, l'administration; s'érigent en

juges de toutes les opérations, en censeurs de
toutes les autorités, etc.; et fiers d'un talent
d'écrire si commun aujourd'hui, décorent
du nom de liberté la tyrannie de leurs opinions qu'ils imposent à la crédulité du public,
devenu l'esclave de leurs erreurs, de leurs
préjugés et de leur passions : et combien de
jeunes gens aujourd'hui, qui se targuent de
leur indépendance, et ne sont eux-mêmes
que les malheureux serfs de quelque haut
et puissant seigneur de l'empire littéraire !

Mais quand on a conservé sa raison indépendante de toute autorité humaine,
même de l'autorité d'un grand talent, on
appelle liberté publique, c'est-à-dire liberté
d'une nation, d'un État, d'une société, son
indépendance absolue de toute domination
étrangère, et l'on ne connoît, pour les in-
dividus, que des libertés personnelles, je
veux dire la faculté qu'a tout citoyen de
faire valoir pour son utilité particulière,
conformément aux lois et sous leur protection, les talens qu'il a reçus de la nature,
ou acquis par l'étude.

Osons le dire, il n'y a pas en Europe un
homme éclairé, sans passions et sans préju-

gés, qui ne regarde la liberté illimitée de la
presse comme incompatible avec tout gouvernement régulier, qui n'y voie la cause
de tous les maux qui affligent l'Europe, et
de tous ceux qui la menacent, et qui ne
trouve ridicule que les plus graves questions
de politique, d'administration, de religion
même, soient discutées et jugées tous les
matins sur la table du déjeûner, pêle-mêle
avec la pièce nouvelle, l'opéra-comique et
le vaudeville, par de jeunes littérateurs pour
qui le plaisir est une occupation, et les
questions les plus graves un délassement.

On oppose l'exemple de l'Angleterre et
de la liberté qu'elle laisse à la presse. Je n'ai
qu'une réponse à faire, et elle sera entendue. En Angleterre, les écrits qui attaquent
le ministère ne vont pas plus loin, et ne
veulent pas changer la constitution politique de l'État, ni sa constitution religieuse.
L'une et l'autre ont changé, et assez récem-
ment pour que la partie opulente de la nation, qui a tant gagné à ces changemens,
en redoute de nouveaux qui pourroient
compromettre les avantages dont elle jouit.
Aussi, dans la crainte de porter la moindre

atteinte à sa constitution, elle conserve avec
un respect religieux des lois absurdes et des
coutumes barbares, et sacrifie jusqu'à la
liberté civile et religieuse d'une partie nom-
breuse de ses sujets, et par conséquent l'é-
galité et la tolérance, dont, partout ailleurs
que chez elle, elle recommande le maintien
aux gouvernemens comme un devoir, et aux
peuples comme un droit.

L'Angleterre se repose donc dans ses dernières révolutions : elle s'y repose comme le
voyageur fatigué s'assied au milieu de sa
course, et peut-être prend-elle un entr'acte
pour la fin du drame, et la dernière cata-
strophe pour le dénouement.

En France, au contraire, si quelques particuliers attaquent les ministres pour arri-
ver eux-mêmes au ministère, le parti le plus
habile et le plus dangereux n'en veut au
ministère que pour renverser le gouvernement et la religion qu'il ne trouve pas assez
démocratiques, et la liberté de la presse qui,
chez les Anglais, ne fait de mal qu'aux in-
dividus, peut, chez nous, en faire beaucoup
à la société.

Ainsi, je crois avec une entière convic-

tion qu'il n'y a de véritable liberté de la
presse, ou de liberté littéraire, que sous la
garantie d'une censure qui en écarte la licence des pensées, comme il n'y a de liberté
civile que sous la garantie des lois qui empêchent le désordre des actions; et comme
les pensées séditieuses inspirent les actions
criminelles et les précèdent, il y a raison
et analogie à prévenir la licence des pensées,
et à punir la licence des actions.

Les membres du conseil de surveillance
de la censure ont donc accepté les pénibles
fonctions que la volonté royale (car ils
n'en reconnoissent pas d'autre) leur a im-
posées. Ce sacrifice, dont ils ont mesuré
toute l'étendue, ils ont cru le devoir à leur
pays et à leur Roi; et cette surveillance que
les journalistes de l'opposition et leurs amis
trouvent odieuse, parce qu'elle les blesse
dans leurs intérêts personnels, ils la regar-
dent comme aussi digne de la pairie que la
surveillance des haras, des liquidations et
des manufactures. Le poste où l'on peut
avec le moins d'avantages par soi-même, ou
même le plus de désagrémens et de dangers,
défendre le mieux la religion, la royauté, les

5

mœurs, la société toute entière contre son
ennemi le plus dangereux, la licence des
écrits, est le poste le plus honorable, celui
qui appartient à la pairie, appendice de la
royauté, royauté elle-même, et à ce titre
spécialement investie par la constitution du
devoir et du droit de défendre la société
envers et contre tous.

La censure est un établissement sanitaire
fait pour préserver la société de la contagion
des fausses doctrines, tout semblable à celui
qui éloigne la peste de nos contrées, et dont
les citoyens les plus recommandables s'honorent de faire partie.

Et puisqu'on me force à parler de moi,
comment après avoir consacré tant d'années
de ma vie à la défense de la royauté, après
avoir tout sacrifié à cette noble cause, et
tout perdu pour elle, aurois-je pu lui refu-
ser mes services contre l'attaque la plus
dangereuse que la haine de ses ennemis et
l'aveuglement de ses amis lui aient livrée
depuis la restauration? Et qui pourroit ne
pas s'honorer des fonctions publiques les plus
pénibles et les plus ingrates, lorsque l'héri-
tier présomptif du trône, modèle d'humanité

comme de valeur, ne croit pas déroger à son rang, en se plaçant à la tête d'une institution dont l'objet est d'améliorer le sort des malheureux que la société repousse de son sein, et que la justice dévoue à ses rigueurs?

Le conseil de surveillance poursuivra donc avec courage sa pénible carrière, assuré d'obtenir la seule récompense qu'il ait pu attendre, l'estime des bons, et la haine des méchans.

Si l'on ne défendoit la liberté de la presse que comme un intérêt public, on la défendroit avec plus de modération, et l'on reconnoîtroit qu'elle n'a point souffert de l'établissement de la censure, puisque jamais la presse non périodique n'a remplacé plus surabondamment la presse périodique, et que les brochures, distribuées avec tant de profusion, se sont exprimées sur les hommes et sur les choses avec une liberté, ou plutôt avec une audace inconnue aux journaux; mais on défend la liberté de la presse comme une chose personnelle, comme une industrie, et dès-lors on la défend avec toute l'injustice et toute la violence de l'intérêt personnel.

Et sans doute la société peut retirer de grands avantages de la presse non périodique, parce que les écrivains ont le temps de la réflexion, et que plus de lenteur dans la composition, et une entière liberté sur le moment de la publication, en refroidissant les passions, peuvent éclaircir les faits et mûrir les idées; au lieu que les écrivains périodiques, obligés de publier tous les jours à heure fixe, et d'alimenter sans cesse la curiosité de leurs abonnés, donnent les bruits populaires pour des faits avérés, et leurs premiers aperçus pour des vérités démontrées; et lorsque ces journaux embrassent le parti d'une opposition systématique, et commencent contre le ministère une guerre qui n'admet ni trêve ni suspension d'armes, quel est, je le demande, le gouvernement qui, tous les jours harcelé, jugé, dénoncé, calomnié, par la prévention, l'ambition, la légèreté, la haine, peut conserver la confiance d'une nation, et la liberté d'esprit dont il a lui-même besoin?

Et quel mal, après tout, fera la censure? Elle ne permettra point d'indécentes allusions à des hommes ou à des choses dignes

de tous nos respects, de malicieux rappro-
chemens de l'histoire des temps passés avec
le temps présent; des sarcasmes continuels
contre la religion de l'État, ses sectateurs,
ses ministres; de perfides et mensongères
annonces propres à jeter l'alarme dans les
esprits et à indisposer les peuples contre le
gouvernement, contre le Roi lui-même :
elle ne laissera pas dire, par exemple, à un
journal, que l'établissement de la censure,
appelée *un coup d'État* (et c'est bien de
l'honneur qu'on lui fait), que la censure,
dis-je, *rompt tous les liens de la société,*
et qu'*alors le magistrat ne lui doit plus
ses arrêts, le soldat sa baïonnette et son
courage, et le citoyen ses impôts......*

On parlera un peu moins ou un peu
mieux religion et politique, on respectera
un peu plus les agens du gouvernement
royal, qui ne peuvent être objets habituels
de censure violente et passionnée, sans qu'il
n'en réfléchisse du mépris sur l'autorité qui
les emploie. Mais la censure n'interdira aucune discussion, même politique, faite avec
bonne foi, connoissance et modération ;
mais elle laissera une entière liberté d'écrire

sur les sciences, les arts, les voyages, les
machines à vapeur, les bateaux à vapeur, les
chemins de fer, les laines longues et courtes,
les tissus de coton, l'industrie et les manufactures. Et n'est-ce pas là aujourd'hui, aux
yeux d'un certain parti, toute la société? et
faut-il autre chose pour la prospérité des
nations, que de l'industrie et des manufactures; et leurs perfectionnemens ne sont-ils
pas le thermomètre infaillible de la perfectibilité humaine et du progrès des lumières?

Une seule objection contre la censure
mérite d'être examinée. On demande ce que
deviendroit la société avec la censure, si un
ministre conspiroit contre la tranquillité de
l'Etat ou la sûreté de la maison régnante, etc.
Qu'un ministre conspire, cela peut être;
mais tout un ministère! il faudroit pour cela
supposer les chambres, le gouvernement, et
presque le Roi lui-même, complices de la
conspiration. Allons au plus pressé, il y a
assez de maux réels pour ne pas en poursuivre d'imaginaires, et pendant long-temps
la presse conspiratrice sera plus à craindre
qu'un ministre conspirateur.

OBSERVATIONS

SUR LE DISCOURS QUE M. DE CHATEAUBRIAND DEVOIT PRONONCER A LA CHAMBRE DES PAIRS CONTRE LA LOI SUR LA POLICE DE LA PRESSE, ET QU'IL A PUBLIÉ DEPUIS QUE LA LOI A ÉTÉ RETIRÉE.

On diroit que la France n'a tout sacrifié à l'amour de la liberté et de l'égalité, que pour tomber sous le joug de trois despotismes qui ont successivement et sans interruption pesé sur elle : du despotisme civil de la Convention, mais la haine et l'horreur qu'il inspiroit vengeoient la nation de ses excès; du despotisme militaire de Buonaparte, mais la gloire dont il étoit entouré consoloit la France de ses rigueurs; enfin du despotisme littéraire des journaux, qui pèse comme un impôt sans compensation et sans gloire, exercé par des hommes qu'on

n'a pas même la triste consolation de connoître, et qui, cachés sous le nom collectif
d'un journal, quelquefois rédacteurs à un
âge où il leur seroit interdit d'être responsables, font les uns ou les autres une guerre
anonyme à la politique, à la religion, à la
morale, à la vérité, au public, aux particuliers, à tout: et si le despotisme est un pouvoir sans frein et sans limite, quoi de plus
despotique qu'une puissance qui censure
tout et ne veut pas être censurée?

Jamais le despotisme n'avoit intimé ses
volontés avec plus de hauteur et moins de
ménagemens que dans l'écrit que M. le vicomte de Châteaubriand a publié il y a quelque temps, et qui devoit être prononcé à la
tribune de la chambre des pairs, si la loi
sur la police de la presse n'avoit pas été
retirée.

« Les ennemis, dit-il, je ne dis pas les
» adversaires de la liberté de la presse, sont
» d'abord des hommes *qui ont quelque*
» *chose à cacher dans leur vie,* ensuite ceux
» qui désirent dérober au public leurs œu-
» vres ou leurs manœuvres, les hypocrites,
» les administrateurs incapables, les auteurs

» sifflés, les provinciaux dont on rit, les niais
» dont on se moque, les intrigans et les
» valets de toutes les espèces. »

La distinction d'ennemis et d'adversaires
de la liberté de la presse ne présente aucun
sens.

La licence de la presse a des ennemis ou
des adversaires, la liberté de la presse ne
peut en avoir; car quel est l'homme assez
absurde pour ne pas vouloir qu'on imprime
même de bons ouvrages? Ceux même qui
prendroient pour de la licence une liberté
sage et raisonnable, se tromperoient sans
doute, mais ne seroient pas pour cela ennemis ou adversaires de la liberté de la presse,
puisqu'ils ne condamneroient la liberté que
parce qu'ils l'auroient confondue avec la
licence.

Ces qualifications outrageantes, distribuées
si gratuitement, s'appliquent à beaucoup
d'honnêtes gens, même des gens d'esprit qui
ne sont dans aucune des catégories désignées
par l'auteur, et qui sont tous, d'un bout du
royaume à l'autre, ennemis ou adversaires
de cette liberté illimitée qu'on ne *peut* pas
réprimer, et qu'on ne *veut* pas prévenir.

C'est sans doute pour tempérer un peu
la sévérité de ses jugemens, et laisser un refuge aux malheureux adversaires de la liberté telle que l'entendent ses ardens amis,
que le noble pair ajoute « qu'après tous
» ceux qu'il vient de désigner il reste quel-
» ques hommes extrêmement honorables,
» que des préventions, des théories, peut-
» être le souvenir de quelques outrages non
» mérités, rendent antipathiques à la liberté
» de la presse. »

L'amour propre peut-être auroit trouvé
son compte à se tirer de la foule des fripons,
des niais et des valets, pour se placer parmi
ces *quelques hommes extrêmement honora-*
bles, coupables seulement de théories et de
préventions, et *assez foibles pour prendre*
conseil de leurs ressentimens particuliers
dans des questions d'intérêt public ; mais
malheureusement on trouve plus loin que
ces hommes honorables qui crient « que
» tout est perdu, parce que la société à la-
» quelle ils appartiennent, a fini autour
» d'eux sans qu'ils s'en soient aperçus,
» voient tout dans une illusion complète. »
Ce qui signifie, en bon français, que ces

hommes extrêmement honorables, même
ces hommes à talens, sont des sots; car la
sottise n'est pas absence d'esprit, mais erreur
de jugement et de conduite. Au reste, cette
dernière qualification est la plus innocente
de toutes celles que les partis s'adressent si
libéralement les uns aux autres, et comme
on peut la recevoir sans colère, on peut la
rendre sans injustice.

C'est ainsi qu'on défend avec la liberté
de l'injure la liberté des opinions, et certains
journaux, enchérissant sur ces imputations,
prennent, à l'égard de leurs adversaires, un
ton si hautain, si dédaigneux et si mépri-
sant, que cette liberté de penser et d'écrire,
dont ils se disent les plus ardens amis, et
dont ils sont les plus fougueux apôtres, est
entre leurs mains une véritable oppression
plus odieuse que celle de la police à l'égard
des écrivains qui craignent de commettre
leurs *médiocrités* (car c'est le mot à la mode)
contre des *supériorités* si superbes et si in-
tolérantes, enivrées de l'encens qu'elles font
fumer à la ronde en leur honneur; car il ne
faut pas oublier que, si toutes les bassesses
de l'esprit, du cœur et de la conduite, tous

les sots, tous les fripons, tous les niais et
tous les valets se trouvent, comme nous
l'avons vu, dans les rangs des adversaires de
la liberté de la presse, toutes les perfections
en vertus, en talens, en conduite, se trouvent nécessairement dans les rangs opposés.
Ainsi on ne se contente pas de dire : « Nul
» n'aura de l'esprit que nous et nos amis;»
mais on dit : « Nul n'aura des vertus, etc. »
C'est le sublime de l'orgueil.

Le noble pair a donc porté devant le public une cause qui devoit d'abord s'instruire
devant la chambre des pairs, et il a fait du
discours qu'il avoit préparé, un plaidoyer
divisé en quatre points. Je suivrai le même
ordre dans les observations que je me per-
mettrai sur cet écrit.

1° La loi *n'est pas nécessaire, parce que
nous avons surabondamment des lois répressives des abus de la presse. Les magistrats ont fait leur devoir.*

Le noble pair fait l'énumération complète des lois portées à différentes époques,
depuis 1789, pour la répression des délits
de la presse, et des jugemens rendus contre
les délinquans. Les magistrats, dit-il, ont

fait leur devoir; s'ils l'ont fait, ils ont consulté leurs vrais intérêts, car la magistrature
ne se rend populaire que par la sévérité de
ses jugemens; et c'est ce qui prouve mieux
que tout ce qu'on pourroit dire, l'insuffisance des lois répressives, y en eût-il dix fois
plus de portées, et dix fois plus de jugemens
rendus. Ces jugemens, en matière de la
presse, vont contre leur but, parce que le
mal d'un écrit dangereux est dans la publi-
cité, et la condamnation en audience publique lui en donne davantage. La société
ne demande pas que l'auteur soit connu,
mais que l'écrit soit ignoré, et la condamnation fait connoître l'écrit et l'auteur. Les
lois préventives sont donc les seules appli-
cables en ce genre de délit, et les lois répressives ne sont bonnes que pour faire sem-
blant de réprimer.

En effet, les lois criminelles sont faites
pour punir ce que les lois de police et de
surveillance n'ont pu prévenir, et les gouvernemens sont coupables de lèse-humanité, si, maîtres de prévenir le mal, ils ne
veulent que punir le coupable, et font de
la liberté qu'ils nous laissent un appât qu'ils

présentent aux imprudens pour les faire tomber dans le piège.

On se plaint que les tribunaux ne répriment pas, et l'on ne voit pas que les juges ne peuvent punir qu'avec répugnance des crimes ou des délits qu'on auroit pu étouffer avant qu'ils fussent venus à leur connoissance : ils gémissent du devoir qui leur est imposé de toujours punir des fautes dont l'autorité auroit dû leur épargner la poursuite et le jugement. L'*immanis lex* que propose le noble pair, et même la mort dans certains cas pour réprimer la liberté de la presse, sont une pure illusion. Plus la loi sera sévère, plus sera forte et légitime la répugnance des juges à l'appliquer. « Pourquoi, pourront-ils dire au législateur, porter des lois atroces? pourquoi exiger de nous des condamnations à mort contre les auteurs, et à ruine contre les imprimeurs, quand il auroit suffi d'un jugement de censure, qui, en ménageant la personne, la fortune et l'honneur de l'écrivain et de l'imprimeur, auroit veillé aux intérêts de la société, en supprimant de l'écrit ce qu'il pouvoit renfermer de répréhensible? »

Dans les lois de quel code, dans les mœurs de quel peuple, dans les maximes de quel moraliste, a-t-on trouvé qu'il étoit plus utile, plus moral, plus humain, de punir le coupable que de prévenir le délit; qu'un homme flétri étoit pour la société d'un meilleur exemple qu'un crime empêché, et qu'enfin on devoit respecter les phrases d'un écrivain, au risque de compromettre son honneur, sa fortune, sa liberté, sa vie même, et de troubler, par une publication dangereuse, le repos de la société? Que sont des amendes pour un siècle à millions, où les crimes mêmes de la presse sont des spéculations de pouvoir, et par conséquent de fortune pour des partis qui disposent des caisses et des souscriptions des sociétés occultes ou patentes? Qu'est la prison pour l'homme dont le repos est mieux payé que le travail, et qui tire de sa détention un bien meilleur parti que de sa liberté?

Mais la Charte, dit-on, veut réprimer et non prévenir; la Charte veut empêcher le délit; elle veut la fin, donc elle veut les moyens; et si elle ne vouloit pas du seul moyen qui peut empêcher, elle seroit une

loi de désordre indigne d'être présentée à la
raison d'un peuple éclairé, et imposée à sa
conscience.

On ne voit le crime de la presse que dans
la publication, et la publication que dans
la vente à portes ouvertes chez un libraire.
Devant celui qui voit nos pensées les plus
secrètes, et juge nos intentions, le crime
est commis quand il est résolu dans l'esprit;
et devant les hommes, quand la pensée est
exécutée et l'écrit imprimé, parce qu'il y a
alors volonté et action criminelles. Qu'on
n'oublie pas que tout écrit imprimé circule
tôt ou tard, si, par un mérite remarquable de
composition ou de style, il est propre à faire
ou beaucoup de bien ou beaucoup de mal.

2° *Les crimes ou les délits qu'on impute*
à la presse n'ont pas été commis par la
presse et sous le régime de la presse.

Mais a-t-on jamais pensé à mettre sur le
compte de la liberté de la presse les crimes
des hommes grossiers et féroces, qui, la plu-
part, ne savent pas lire? Le matériel de ces
crimes se retrouve partout où il y a des
hommes, et plus ou moins à toutes les époques. C'est le moral, si je peux ainsi parler,

qui donne aux crimes de notre âge un caractère particulier; c'est à la fois l'habileté
des combinaisons et la froide perversité qui
les distinguent; c'est l'insensibilité avec laquelle on les commet, et l'insensibilité avec
laquelle on les expie, qui fait du spectacle
du châtiment un scandale plus dangereux
que n'eût été l'impunité.

De quoi pourroit servir, je le demande
au noble pair, cette hideuse nomenclature
de crimes puisée dans les tableaux de Dulaure, et qui rappelle les crimes des rois,
des reines, des papes, publiés aux premiers
jours de la révolution (1)? Falloit-il remonter à Clovis et fouiller dans ces sanglantes
annales, lorsque notre révolution, si récente, pouvoit fournir à l'écrivain une si
ample moisson de crimes, commis, non
comme les premiers, dans des temps d'ignorance et de barbarie, par des hommes qui
ne savoient ni lire ni écrire, et lorsqu'il n'y
avoit pas même de livres; mais commis à
l'époque de la civilisation la plus perfec-

_____

(1) On a prouvé à l'auteur qu'il s'étoit tout-à-fait trompé dans
le calcul des douze mille jugemens rendus *aux grands jours d'Auvergne.*

6

tionnée, sous la direction, le conseil, l'influence d'hommes lettrés, polis, savans même, versés dans la pratique des affaires et la connoissance des lois, et à l'aide d'écrits composés avec un art infini, et d'une vaste instruction? Eh! qu'importe qu'il y ait eu dans un temps ou dans un autre censure ou liberté de la presse, s'il y a eu des écrits corrupteurs et une littérature toute entière de désordre et de scandale? S'il y a eu censure, cette censure n'a pas voulu censurer, et la première condition, quand on fait des lois, est qu'elles seront exécutées; et s'il y a eu liberté, cette liberté est devenue une infâme licence. Il y avoit des censeurs, sans doute; mais y avoit-il, pouvoit-il même y avoir une censure, lorsque le directeur de la librairie d'alors, qui depuis a si cruellement expié ses erreurs, ne voyant dans la librairie qu'une branche de commerce, laissoit le champ libre à la circulation de tous les écrits? (*Voyez* à la fin de ces Observations.) Y avoit-il censure, lorsque Mme de Pompadour protégeoit si ouvertement les philosophes, lorsque les plus grands seigneurs accueilloient avec tant de faveur, et admettoient à leur familiarité les beaux esprits, partisans les plus déclarés des idées nouvelles? y avoit-il censure, lorsque le lieutenant de police disoit au Roi qu'il répondroit de la tranquillité du royaume, s'il n'y avoit pas dans Paris *un petit nombre de philosophes* qui ne s'étudioient qu'à le troubler par leurs écrits? Enfin y avoit-il censure possible, lorsque les écrivains s'honoroient des condamnations les plus infamantes, même de voir leurs écrits, c'est-à-dire eux-mêmes, flétris par la main du bourreau, au pied du grand escalier? Il y a eu censure véritable sous Louis XIV, parce qu'alors les mœurs concouroient avec les lois pour écarter tout ce qui auroit pu les corrompre; il y a eu censure sous Buonaparte, parce que l'autorité appuyoit ses jugemens; et ce que Buonaparte faisoit dans son intérêt, on pourra, quand on voudra, le faire dans l'intérêt de la religion, des mœurs et de la politique.

Et quand on réclame la liberté totale de la presse, sous la condition d'une répression illusoire, peut-on nier l'influence de la licence de la presse sur le sort de la France, lorsque l'historien et l'ami de Voltaire, Condorcet, dit lui-même : « Voltaire n'a » pas vu tout ce qu'il a fait; mais il a fait » tout ce que nous voyons? » Et qu'avoit fait Voltaire, et qu'avoit vu Condorcet? Le plus grand crime de notre temps, et peut-être de tous les temps, et par le nombre des forfaits, et surtout par leur caractère, je veux parler de la révolution, de ce mal, comme on l'a dit, *élevé à sa plus haute puissance.*

Sans doute il y a eu dans tous les siècles des crimes et des criminels, et tant que les hommes naîtront avec des passions égales, et des moyens inégaux de les satisfaire, il y aura oppression des foibles par les forts, il y aura les crimes de la vengeance, de la jalousie, de la cupidité, de l'ambition; les crimes de l'orgueil qui veut dominer par la ruse ou par la violence : mais ces crimes n'ont pas eu, dans tous les âges, le même caractère, et je réclame pour celui où nous avons vécu une affreuse supériorité, celle de l'art sur la nature brute et sauvage.

En effet, nous avons vu, non des vols de grands chemins ou des assassinats au coin d'un bois, dans l'ombre de la nuit, mais des

assemblées nombreuses d'hommes instruits,
légistes, écrivains, savans, poètes, orateurs,
et adonnés à l'étude des lettres, *humanio-
res litterœ,* sortis du milieu de nous, nos
voisins, nos concitoyens, occupés pendant
plusieurs années, et avec une infatigable
persévérance, à démolir pièce à pièce l'édifice de la société, et le détruire du faîte
jusqu'aux fondemens; à lui ôter sa religion,
sa politique, sa morale, ses mœurs, ses coutumes, même ses monumens et ses arts, et
substituer à leur place les lois les plus extra-
vagantes, la religion la plus insensée, les
mœurs les plus féroces, les usages et les ma-
nières les plus sauvages; déployant une profonde habileté pour tourmenter, ruiner, as-
sassiner leurs concitoyens, proscrire la vertu,
le talent, la fortune, la considération publique, les services rendus; portant des lois
de vol, de meurtre et d'adultère; faisant
revivre les morts pour dépouiller les vivans,
et donnant à de malheureux enfans la spo-
liation en avancement d'hoirie. Non, jamais on n'avoit vu des proscriptions si sa-
vantes et si générales, des assassinats plus
légaux, des spoliations plus méthodiques.

C'étoit la perfection de l'ordre et de la discipline employée à discipliner, à ordonner l'excès du désordre et de l'injustice; et c'est le caractère d'un siècle corrompu, mais lettré, de croire légitimer le crime en le légalisant.

Mais le noble pair lui-même n'a-t-il pas reconnu l'influence des fausses doctrines sur nos malheurs et nos fautes, lorsqu'à propos du crime le plus déplorable de cette époque, et qui a été pour nous éclairer comme cette dernière lueur que jette un vaste incendie; de ce crime, le seul que le noble pair ait oublié, quoiqu'il lui eût fourni le sujet d'un volume, l'assassinat du duc de Berri, il s'écrie : « Il y a peste européenne, et cette peste » sort de nos doctrines antisociales? Oui, » ce sont vos exécrables doctrines qui ont » assassiné cet enfant de l'exil, ce Français » héroïque, ce jeune et infortuné Berri. » Quand on vous entend parler vertu et » principe sur son cadavre, on recule d'hor- » reur, et Constantinople ne semble pas » avoir assez de despotisme pour se mettre » à l'abri de votre liberté. » Et ailleurs dans le *Conservateur* : « Malheureux, qui osez

» reprocher aux royalistes une censure mo-
» mentanée, n'est-ce pas vous qui, dans
» tous les temps, avez flétri la cause de l'in-
» dépendance, et n'est-ce pas vous qui, par
» vos excès, avez forcé les honnêtes gens de
» chercher un refuge dans le pouvoir? »

M. de Châteaubriand croit que les grands
scandales des crimes du moyen âge, les grands
forfaits dont notre histoire est remplie, seroient aujourd'hui impossibles avec la liberté de la presse. Mais comment les crimes
de notre révolution ont-ils été, non-seulement possibles, mais exécutés, et dans un
siècle aussi éclairé, dans un siècle de philosophie, d'égalité, de fraternité, et avec la
liberté de la presse; car assurément il y
avoit toute liberté de penser et d'écrire à
l'époque de la révolution et bien avant cette
époque?

« Les crimes révolutionnaires eussent été
» arrêtés, dit encore le noble pair, si les
» écrivains n'eussent pas été condamnés à
» l'échafaud ou déportés à la Guiane. »
Rien de plus certain; si les écrivains cou-
rageux et amis des bonnes doctrines n'a-
voient pas été massacrés ou déportés, les

magistrats, les propriétaires, les ministres
de la religion, les honnêtes gens de toutes
les classes, n'auroient pas été envoyés à l'é-
chafaud, bannis, émigrés, déportés, c'est-
à-dire que, s'il n'y avoit pas eu de crimes
révolutionnaires, il n'y auroit pas eu de révolution; tous les citoyens auroient été li-
bres, et toutes les libertés respectées.

Je prends au hasard, dans ce grand acte
d'accusation contre notre ancienne France,
quelques griefs plus remarquables que les
autres. « Par une dérision dont l'histoire
» offre des exemples, dit le noble pair, on
» ne croyoit pas en Dieu, et l'on fulminoit
» des arrêts contre l'impiété. Les édits de
» 1728 et de 1757 condamnoient au ban-
» nissement, à la mort, au pilori, à la po-
» tence, les auteurs, imprimeurs et distri-
» buteurs d'écrits contre l'ordre religieux,
» moral et politique. » Quoi donc! le clergé,
dans ses assemblées; les prédicateurs, dans
les chaires chrétiennes; le ministère public,
dans les tribunaux, qui dénonçoient les
écrits corrupteurs; les magistrats, qui punissoient leurs auteurs et imprimeurs, les uns
ni les autres, pas même le chancelier d'A-

guesseau, qui étoit alors à la tête de la magistrature, ne croyoient en Dieu, et toute la France étoit athée, parce que quelques écrivains étoient impies; et l'on y croit davantage aujourd'hui, que la licence de la presse et celle de la tribune nous ont montré des hommes qui effrontément se sont dits athées, qu'un jurisconsulte, parlant devant la première cour du royaume, a félicité la loi d'être athée, et qu'un écrivain a publié le *Dictionnaire des Athées !*

« A quoi bon, continue le noble pair, » les mesures que vous proposez, puisque le » gibet, le carcan, les galères, la Bastille, » le donjon de Vincennes et le pouvoir ab- » solu n'ont pas arrêté l'essor de la pen- » sée? » Toutes les rigueurs étoient dans nos lois, je le veux; mais ces lois étoient-elles exécutées? On a vu pendre un pauvre jésuite, pour quelques propos contre le parlement; a-t-on vu un écrivain pendu pour avoir écrit contre Dieu ou la religion, ou seulement mis au pilori ou envoyé aux galères?

La censure, je le répète, ne censuroit pas, et les complaisances de M. de Maleshcrbes, et la protection de Mme de Pompadour, et l'accueil des grands, avoient, depuis long-temps, désarmé la censure, et sauvoient les écrivains de la Bastille; on ne les y laissoit pas long-temps. Le pouvoir absolu étoit, il est vrai, dans la constitution, mais il y dormoit, et on n'en apercevoit pas la plus légère trace dans l'administration; et quand Voltaire, Helvétius, Diderot, La Métrie, les encyclopédistes, et tous les écrivains précurseurs et instigateurs de révolutions répandoient impunément leurs doctrines, et quelquefois sous le voile transparent d'un nom supposé d'auteur ou d'imprimeur, y avoit-il assez de liberté de la presse, et la pensée n'avoit-elle pas tout son essor? Sous Louis XIV et sous Buonaparte, la censure a contenu la pensée sans toutes ces rigueurs, et le gouvernement étoit trop sage et même trop habile pour employer la potence et le pilori là où quelques traits de plume pouvoient suffire.

Ainsi, quand le noble pair calcule que, depuis la découverte de l'imprimerie jusqu'à nos jours, il y a eu liberté de la presse pendant douze ans et censure pendant tout le

reste, la vérité est que, hors les deux époques
dont j'ai parlé, il n'y a eu ni liberté ni censure, mais licence absolue, et de la part des
censeurs et même du gouvernement, collu-
sion, ignorance ou lâche complaisance, puisqu'à la fin de cette époque il y a eu une
épouvantable explosion, produite par la licence de la presse et la propagation des
fausses doctrines.

3° *La religion n'est point intéressée au
projet de loi, elle n'y trouve aucun secours; l'esprit du christianisme et le caractère de l'Église gallicane sont en opposition directe avec le projet de loi.*

Je ne chercherai pas à défendre le projet
de loi; que j'ai toujours cru insuffisant, et
qui d'ailleurs a été retiré : mais M. de Châteaubriand va plus loin; il ne combat pas
seulement le projet de loi, mais il croit la religion désintéressée dans la querelle, « parce
» que, dit-il, depuis l'établissement de la
» liberté de la presse, il n'a pas été publié un
» seul ouvrage contre les principes essentiels
» de la religion. » Plût à Dieu qu'on eût
publié contre la religion des ouvrages dog-
matiques! on l'eût du moins étudiée avant

de la combattre. Voltaire lui-même, raisonneur superficiel, n'a combattu la religion avec un déplorable succès que par la plaisanterie et le sarcasme, genre de guerre qui convenoit mieux à son génie, et ses disciples, n'ont eu garde de se jeter dans la controverse sur des dogmes qu'ils ne connoissoient pas, pour composer des ouvrages qu'on n'auroit pas lus. C'est avec l'injure, la calomnie, et l'imposture que maître et disciples ont attaqué la religion et désigné ses ministres à la haine publique, et ils ont si bien fait, qu'il n'y a pas aujourd'hui, à Paris et ailleurs, une émeute populaire d'où ne sortent, contre les ministres de la religion, des cris de fureur et de rage trop souvent, et nous l'avons vu, suivis des derniers excès. « Des condam- » nations, dit le noble pair, ont été pronon- » cées contre de vieilles impiétés reproduites, » comme si ces impiétés étoient à leur pre- » mière édition. » Eh! sans doute, ces impiétés sont à leur première édition pour les jeunes gens qui en sont à leur première lecture : des impiétés écrites dans la langue de nos anciennes chroniques auroient vieilli ; mais quand une langue est fixée, rien de ce

qui a été écrit avec un grand talent, de bon
ou de mauvais, n'a vieilli : les ouvrages des
grands écrivains sont toujours nouveaux, et
ces écrivains eux-mêmes toujours vivans et
même immortels. C'est là le crime des écrits
dangereux, et le plus grand à mes yeux de
tous ceux qu'un homme peut commettre,
parce qu'il n'a de bornes, ni de temps, ni
de lieu. « Tout est-il mauvais dans de mau-
» vais livres? » demande le noble pair; mais
tout est-il poison dans le repas qu'on sert
à celui qu'on veut empoisonner? « Des mil-
» liers de mauvais livres n'ont-ils pas leur
» contre-poids dans des milliers de bons? »
Non assurément, parce que ceux qui se nour-
rissent des mauvais ne lisent pas même les
bons, et que des éditions en grand format,
très-belles et très-chères, ne font pas contre-
poids à des éditions de mauvais livres tirées
à millions de feuilles, sous le format le plus
portatif et données au plus vil prix. On met
Bourdaloue, Massillon, Bossuet en lingots,
décoration de cabinet pour les gens riches;
on met Voltaire et d'autres en monnoie de
billon pour les pauvres : c'est une aumône
que l'impiété fait à l'ignorance.

« La cour royale de Paris n'a eu à juger
» par an que trois délits-graves en matière
» religieuse. » Comme si le ministère public auroit suffi à dénoncer, et la cour royale
à juger tout ce qui a été écrit de répréhensible, ou que tout eût été dénoncé et jugé.
Les tribunaux puniront le vol des objets
consacrés à la religion, et encore le parti
libéral ne pardonnera jamais aux chambres
la loi sur le sacrilège; mais puniront-ils le
mépris des choses saintes? Si les trois délits
par an que la cour royale a punis sont des
délits de la presse, ces délits ont un caractère particulier de gravité, et ne sont pas
des *crimes isolés*, comme le vol ou un acte
de violence, qui n'atteignent qu'un homme
et dans un seul lieu; ce sont des crimes fé-
conds, des maux *endémiques*, qui attaquent
une population toute entière et dans toutes
ses générations, et qui, traduits dans toutes
les langues, iront atteindre ceux mêmes à
qui ils n'avoient pas été destinés.

« Le siècle, dit le noble pair, n'est plus
» à l'impiété. » Il est à quelque chose de
pire, il est à l'indifférence, qui est la lassi-
tude de l'impiété.

Après des complimens et des leçons de
tolérance adressés au clergé, le noble pair
s'écrie : « Eh! qu'y auroit-il de plus beau
» que la parole divine réclamant la liberté
» de la parole humaine? » Mais cette liberté
n'existoit-elle pas toute entière dans le siècle de Louis XIV et même de la censure,
pour les sermons prêchés devant le Roi,
pour les ouvrages de controverse, où la religion de l'État, alors si violemment attaquée
par les docteurs calvinistes, étoit si puis-
samment défendue par Bossuet? N'a-t-elle
pas existé, cette liberté, pour les écrits des
jansénistes, de tous les sectaires ceux qui
ont le plus écrit et le plus falsifié de livres?

La religion a-t-elle jamais songé à gêner
la liberté d'écrire et de penser, elle qui ne
craint, dit Tertullien, que d'être condam-
née sans avoir été entendue, *ne ignorata
damnetur;* elle qui nous a conservé les écrits
bons ou mauvais de l'antiquité, et la philosophie de Lucrèce, comme le traité *des
Devoirs* de Cicéron? Mais veut-on qu'elle réclame la liberté de la presse pour l'injure, le
sarcasme, la calomnie, seules armes que depuis long-temps on ait employées contre elle?

Au reste, pour savoir ce que la religion avoit à espérer ou à craindre de la presse, on peut encore citer Voltaire, qui connoissoit sans doute la portée de l'arme qu'il manioit avec tant d'habileté, lorsqu'il disoit au lieutenant de police qui lui reprochoit l'impiété de ses écrits : « On dit qu'il a suffi de » douze hommes pour établir la religion, je » veux prouver qu'il n'en faut qu'un pour » la détruire; » lorsqu'il terminoit toutes ses lettres à ses complices par cette formule furibonde : *écrasez l'infâme,* et qu'il les pressoit si vivement de réunir toutes leurs forces pour consommer ce grand œuvre. J.-J. Rousseau connoissoit-il aussi le danger des doctrines philosophiques pour la société, ces doctrines qu'il appelle désolantes, lorsqu'il demande aux philosophes ce qu'ils mettront, pour contenir les hommes, à la place de la croyance des peines éternelles; et ne connoissoient-ils pas aussi le mal qu'ils pouvoient faire à la religion, les architectes du monstrueux édifice de l'Encyclopédie?

« Le christianisme, dit le noble pair, ne » cherche point l'obscurité, il est au-dessus » de la calomnie, il n'a pas besoin de pac-

» tiser avec l'ignorance; craindre pour lui la
» liberté de la presse, c'est lui faire injure,
» c'est n'avoir aucune idée juste de sa gran-
» deur et méconnoître sa divine puissance.»
On peut en dire autant de ce qu'il y a de
plus auguste dans l'univers, de la Divinité
même, et sous ce prétexte tout attaquer impunément. Mais on ne craint pas pour le
christianisme, et il ne craint pas pour lui-
même, la liberté de la presse, et tant de
beaux ouvrages qu'il a inspirés attestent assez qu'il ne redoute pas les lumières. Aussi
ce que dit l'auteur dans ce passage n'a aucun sens, s'il ne veut parler que d'une liberté
sage et réglée, et ne signifie quelque chose
ou même ne signifie trop qu'autant qu'il
parleroit d'une liberté sans frein et sans retenue. Sans doute les attaques dirigées contre
la religion ne la détruisent pas dans l'univers, mais elles la détruisent dans l'esprit des
hommes dont les passions sont d'intelligence avec ses ennemis, et que leur ignorance laisse sans défense contre l'erreur. La
religion chrétienne a été fondée pour le libre
usage de la pensée et de la parole, puisque
c'est avec les prédications de ses apôtres et

7

de leurs successeurs qu'elle a renversé la licence du paganisme et les erreurs d'une
fausse sagesse. Mais doit-elle être aujour-
d'hui impunément attaquée par les erreurs
et les vices qu'elle a détruits? lui faudra-t-il
sans cesse recommencer l'enseignement de
l'univers? Elle a *renouvelé* une fois *la face
de la terre*, mais aucun autre esprit que le
sien ne peut recommencer son ouvrage, et
tout autre renouvellement seroit la fin....

M. le vicomte de Châteaubriand cite saint
Paul comme le premier défenseur de cette
liberté de la pensée et de la parole; mais saint
Paul écrit aux Colossiens : « Prenez garde
» que personne ne vous trompe par la phi-
» losophie et par de vains raisonnemens,
» composés selon la science des hommes et
» non selon J.-C. » A Timothée : « Gardez
» le dépôt qui vous a été confié, évitant les
» nouveautés profanes de paroles, et tout ce
»· que peut opposer une science faussement
» appelée science... Car *il viendra un temps
» que les hommes, ne pouvant plus sup-
» porter la saine doctrine, se choisiront à
» leur gré des docteurs propres à flatter
» leurs oreilles; ces mêmes oreilles qu'ils*

» *fermeront à la vérité, ils les ouvriront*
» *au mensonge et aux fables.* »

Et puisque M. de Châteaubriand cite saint
Paul, il nous permettra, à notre tour, de lui
citer saint Pierre, qui, prêchant, ainsi que le
grand apôtre, la soumission *aux puissances,*
au roi et aux chefs envoyés par lui, nous
met en garde contre *cette liberté qui sert*
de voile à la corruption; quasi velamen
habentes malitiæ, libertatem.

4° *La loi sur la liberté de la presse*
n'est point de ce siècle, elle n'est point ap-
plicable à l'état actuel de la société.

Je pense avec l'auteur qu'une loi répressive qui ne réprime rien, n'est point de ce
siècle, ni même d'aucun siècle, et ne convient à aucun autre état de société, qu'à une
société en dissolution.

C'est l'erreur la plus généralement répandue, et dans des intentions qui ne sont pas
tout-à-fait innocentes, que la maxime que le
siècle a changé et que tout doit changer
avec lui, et l'on diroit volontiers avec Ma-
homet:

   . . . . Il faut de nouveaux fers,
Il faut de nouveaux dieux à ce vaste univers.

Au fond qu'est-ce que cela veut dire, et qu'y a-t-il de changé dans le monde? Sont-ce les lois générales du monde physique qui y maintiennent l'ordre et en assurent la durée? Mais elles sont immuables comme leur auteur. Est-ce l'homme? Mais il naît toujours et partout avec la même intelligence, les mêmes passions, les mêmes penchans, les mêmes besoins, comme avec la même figure et les mêmes organes. Y a-t-il changement dans la société, faite pour durer autant que l'univers et pour développer l'intelligence de l'homme, contenir ses passions, régler ses penchans, satisfaire ses besoins? Que la société soit monarchique ou républicaine, l'une ou l'autre de ces constitutions est-elle dans le monde une nouveauté? On appelle un changement l'affranchissement de toute croyance religieuse et de tous les devoirs; et lorsque les devoirs et même les simples bienséances sont plus rigoureux et plus obligatoires pour l'homme à mesure qu'il avance en âge, la société, à mesure qu'elle vieillira, sera plus licencieuse et plus désordonnée! Des artistes et des savans en sciences physiques s'imaginent que

les sciences morales doivent subir les mêmes
métamorphoses que leurs découvertes et
leurs systèmes, qui changent à mesure que
les faits de la nature sont mieux connus ; mais
si les conséquences d'observations mieux
faites ajoutent quelque chose aux connoissances humaines, les vérités morales ne font
que se développer : *non nova, sed novè.* M. de
Châteaubriand dit très-bien que « le chris-
» tianisme est la raison universelle, » ce qui
exclut toute idée de changement ; et son di-
vin fondateur dit lui-même à ses disciples
que « l'Esprit qu'il leur enverra leur ensei-
» gnera toute vérité, » ce qui n'en permet
que les développemens. Ce qu'on croyoit
vrai en physique sous Aristote et Tichobra-
hé, peut ne l'être plus aujourd'hui ; ce qu'on
croyoit vrai en morale aux premiers jours
de la société, en religion aux premiers jours
du christianisme, en politique aux premiers
jours de la monarchie, est vrai encore et le
sera toujours.

Mais enfin « quelle est cette grande décou-
» verte politique dévolue aux deux mondes
» après cinquante ans de guerre civile et
» étrangère ? C'est la liberté. » Est-ce cette li-

berté des chrétiens, dont saint Paul renferme tous les caractères dans cette haute leçon d'indépendance personnelle, la plus noble et la plus complète qu'on ait jamais donnée aux hommes : *Nemini quidquam debeatis nisi ut invicem diligatis ;* « vous ne vous » devez rien les uns aux autres que de vous » aimer mutuellement, » parce que l'amour rend tous les devoirs faciles, même ceux de respect et d'obéissance envers ceux à qui ils sont dus, et laisse ainsi à l'homme toute sa liberté ? Non, c'est la liberté républicaine, qui, née dans le trouble et la guerre, ne peut vivre que dans le trouble et la guerre, et n'a été pour nous que la liberté des tempêtes populaires ou du despotisme militaire. Et cependant M. de Châteaubriand, après nous avoir annoncé dans le *Conservateur,* tome III, pag. 11, « une révolution géné- » rale en Europe, par l'affoiblissement du » christianisme, » nous dit que « le sabre » remplacera partout le sceptre légitime, et » que ce sabre conviendra particulièrement » à la France, amoureuse des armes, folle de » l'égalité, *mais qui de liberté ne se soucie* » *guère.* » Quel aveu ! ! ! Et que diront ceux qui prétendent que la France sacrifieroit tout à l'amour de la liberté?

« En vain, dit-il, on s'irrite contre les dé-
» veloppemens de l'intelligence humaine.»
Personne assurément ne s'irrite contre les développemens pacifiques de l'intelligence humaine en géométrie, en chimie, en botanique, en astronomie, en agriculture, en mécanique, etc., etc.; mais pour des développemens d'un autre genre, ou plutôt pour des nouveautés en religion et en politique, qui nous ont coûté tant de sang et tant de larmes, et qui ont déjà produit, selon le noble pair, cinquante ans de guerre civile ou étrangère, il eût été prudent, ce me semble, de leur faire subir une quarantaine rigoureuse avant de les introduire dans la société, et même cinquante ans de guerre civile ou étrangère ne sont pas une garantie absolue de bonheur et de tranquillité.

Si M. de Châteaubriand croit que les doctrines du dernier siècle ont vieilli, et ne sont plus à craindre, pourquoi tant s'irriter contre des hommes, selon lui, « honora-
» bles, même des hommes de talent, qui

» surnagent sur l'abîme du temps, qui ai-
» ment à sortir de la foule, *se mettent à*
» *prêcher la passé*, n'entraînent point les
» générations nouvelles, et ne pourroient
» être compris que des morts; ces hommes
» d'autrefois qui, les yeux attachés sur le
» passé et le dos tourné vers l'avenir, mar-
» chent à reculons vers cet avenir, et voient
» tout dans une illusion complète? »

Écoutons à présent ce que disoit M. de
Châteaubriand dans le *Conservateur*, t. IV,
page 372 : « L'éducation n'a-t-elle pas éloi-
» gné les jeunes gens de l'esprit de religion
» et de famille, rendu les vieilles mœurs
» ridicules, et *en condamnant le passé*,
» *préparé des révolutions pour l'avenir?* »

Aussi pour *en avoir plus tôt fini* avec ces
hommes d'autrefois, ces incorrigibles, un
savant en je ne sais quelle science, mais un
savant de l'Institut, a calculé, la plume à
la main, le temps et le moment où il n'y
aura plus de ces témoins importuns de l'ancien ordre de choses, et où la mort (naturelle sans doute) aura moissonné tout ce qui
reste. Nous nous souvenons tous que les savans de la Convention faisoient le même cal-

cul sur leurs hommes d'autrefois; mais plus
expéditifs que notre savant, qui renvoie cette
disparition totale à l'année 1830 ou 40, si
je ne me trompe, ils pressoient un peu plus
leur départ de ce monde, et en calculoient
les chances, non avec la plume, mais avec
le glaive. Un des satellites de Robespierre
lui demandant quel terme il vouloit mettre
aux exécutions, Robespierre lui répondit
que tout ce qui avoit plus de quatorze
ans en 1789, devoit périr. Alors donc, et
dans cette bienheureuse année 1830 ou 35,
tout sera neuf dans la société, hommes et
choses; et alors, mais alors seulement,
la société jouira de toute la plénitude du
bonheur qui lui a été promis par les pro-
phètes de la révolution. Pauvre philosophe!
qui ne voit que l'homme dans la société, et
de résistances que dans les volontés humaines, et ne sait pas que ce sont ces
hommes d'autrefois, dont il presse, dont il
hâte la disparition, qui ont maintenu ce
qu'il désire d'affermir, parce qu'ils ont conduit avec sagesse et raison l'œuvre de l'erreur et de la folie, et que, s'il n'y avoit eu
que des révolutionnaires pour conduire et

gouverner l'ouvrage de la révolution, tout auroit péri depuis long-temps!

Ainsi la société pourra se féliciter, dans un petit nombre d'années (à moins qu'une autre révolution n'en abrège l'époque), de ne plus compter d'hommes qui puissent lui parler des temps passés; ainsi la chaîne qui lie le présent au passé sera rompue; ainsi finira parmi nous le respect de tous les peuples, des sauvages eux-mêmes, pour l'expérience de l'âge et les traditions des anciens, et respect des Romains pour le *more majorum*, des Anglais pour le *old England*; et ce mépris des vieillards, regardé par tous les peuples, les plus sages ainsi que les moins avancés, comme un signe de dégradation et l'annonce d'une prochaine décadence, sera pour nous un progrès de notre raison, et le dernier terme de notre perfectibilité!!!

« Toutefois, dit M. de Châteaubriand, » les générations contemporaines ne meu- » rent pas exactement le même jour; au » milieu de la race nouvelle, il reste des » hommes du siècle écoulé.» C'est vraiment dommage, mais qu'on laisse faire une révolution, et elle ne laissera plus de *balivaux* dans ses *coupes*.......

Est-ce assez d'extravagances, et entendit-on jamais parler de quelque chose de semblable ? Le vulgaire n'est frappé que des évènemens qui s'annoncent à coups de canon. Le véritable philosophe, l'homme d'Etat est bien autrement épouvanté de ces théories si paisibles en apparence, et qui, bien plus que des émeutes populaires et des insurrections, décèlent l'égarement et l'abaissement des esprits, et la profonde corruption des doctrines.

Les flatteries pour la jeunesse devoient suivre le mépris pour les hommes des temps passés. « Aussi, dit le noble pair, n'aper- » çoit-on autour de soi qu'une jeunesse » pleine de talent et de savoir, une jeunesse » sérieuse, *trop sérieuse peut-être,* qui » n'affiche ni l'irréligion ni la débauche. » Les déclamations ne la touchent plus : » elle demande qu'on l'entretienne de la » raison, comme l'ancienne jeunesse vou- » loit qu'on lui parlât de plaisir. On l'accuse- » roit injustement de se nourrir d'ouvrages » qu'elle méprise, et qui sont si loin de ses

» idées, qu'elle ne les comprend même plus.
(Pourquoi donc les réimprimer avec une
si déplorable profusion?) « Et observez, je
» vous prie, que cette jeunesse *si tranquille*
» *maintenant* sous la liberté de la presse,
» étoit tumultueuse au temps de la censure :
» elle s'agitoit sous les chaînes dont on char-
» geoit *la pensée*. Par une réaction nou-
» velle, plus on la refouloit vers l'arbitrai-
» re, plus elle devenoit républicaine. Elle
» nous poussoit hors de la scène, nous au-
» tres générations vieillissantes, et dans son
» exaspération, elle nous eût peut-être
» écrasés tous. (Est-ce là une des données
du calcul de notre savant?) « Aujourd'hui,
» docile jusque dans l'exaltation de la dou-
» leur, *si elle fait quelque résistance, ce*
» *n'est que pour remplir un pieux devoir,*
» *que pour obtenir l'honneur de porter un*
» *cercueil : un signe, un regard l'arrête*
(et sans doute aussi la feroit marcher.) « Ces-
» sons donc de flétrir le siècle qui commence :
» nos enfans vaudront mieux que nous. »

Certes, les choses sont bien changées depuis que le noble pair écrivoit dans le *Con-*
servateur, vol. IV, pag. 80 et 81 :

« Les étudians forment entre eux de vé-
» ritables républiques, où l'on délibère, où
» l'on prend des arrêtés, où l'on impose des
» conditions aux professeurs. Ainsi, escla-
» vage pour les maîtres, licence pour les
» écoliers : double cause de ruine.... On ne
» sauroit se dissimuler que la jeunesse ne soit
» en péril, et avec elle l'avenir de la France.
» D'un bout du royaume à l'autre, les pè-
» res de famille réclament. Il n'y a pas un
» moment à perdre. Que sont-ils ces jeunes
» hommes qui vont nous remplacer sur la
» scène du monde, occuper les tribunaux,
» les corps politiques, les places de l'admi-
» nistration et de l'armée? *Croient-ils en*
» *Dieu? reconnoissent-ils le Roi? obéis-*
» *sent-ils à leurs pères? ne sont-ils point*
» *anti-chrétiens dans un État chrétien,*
» *républicains dans une monarchie,* dési-
» reux de révolutions et de guerres dans
» un pays qui ne se peut sauver que par
» la paix? *Ces réflexions,* continue M. de
» Châteaubriand, nous ont été suggérées
» par les derniers troubles qui ont éclaté
» dans l'Ecole de droit de Paris. » Et ailleurs : « Nos enfans s'élèvent au milieu du

» désordre des idées nouvelles. Quelle race
» doit donc sortir du milieu de nos exem-
» ples? » Et *semprè benè,* pourroit-on dire ;
car l'illustre pair dit lui-même : « Point n'ai
» renié mes opinions, je suis ce que j'ai été ;
» je vais à la procession de la Fête-Dieu
» avec le *Génie du Christianisme,* et à
» la tribune avec la *Monarchie selon la*
» *Charte.* » Il y a, je crois, dans la collec-
tion complète des OEuvres de l'illustre pair,
quelques ouvrages avec lesquels il ne vou-
droit aller ni à la procession, ni même à
la tribune (1).

(1) Il n'est personne qui ne sache qu'à leur première apparition ,
les œuvres de l'apostat Raynal et celles de quelques autres sophistes
fameux obtinrent du ministère une tolérance secrète, et se répan-
dirent en France non moins librement que si elles eussent été revê-
tues d'une approbation formelle. Or, voici de quelle manière s'explique
M. de La Harpe , et sur la condescendance qu'eurent les ministres
d'alors, et sur la conduite que doit toujours tenir en pareil cas le
gouvernement.

« Il faut le dire, aujourd'hui que le temps est venu de marquer
soigneusement les fautes qui ont eu des suites si terribles : ce fut
une des grandes erreurs du gouvernement, que cette connivence,
passée en habitude, et par laquelle on croyoit concilier à la fois les
bienséances de l'autorité, les intérêts de la librairie et la déférence
pour les talens et la célébrité. *L'autorité ne doit jamais composer
en aucune manière avec les ennemis de l'ordre public,* qui sont

nécessairement les siens ; quelque masque qu'ils prennent devant elle, il le jetteront bientôt dès qu'ils ne la craindront plus.....

» On sait trop que les méchans aiment à faire la guerre dans la nuit; mais l'autorité doit la leur faire au grand jour. Elle ne sauroit leur ôter la volonté de nuire : il faut donc leur en ôter tous les moyens ; et c'est pour cela même qu'elle a de son côté tous ceux de la loi. Si elle néglige d'en faire usage, elle sera toujours méprisée, même de ceux qu'elle aura épargnés. Si elle s'en sert avec vigueur, elle sera toujours applaudie de tous les bons citoyens, et obtiendra des mauvais la seule chose qu'elle doive en attendre, la crainte et la haine, qui l'honorent par leurs motifs, et qui rassurent tout l'État en attestant l'impuissance de leurs ennemis. »

M. de La Harpe répond ensuite aux objections tirées du *commerce,* comme s'il eût lu nos journaux libéraux et assisté aux discussions de notre seconde chambre.

« Quant aux intérêts mercantiles de la librairie, peuvent-ils jamais entrer en comparaison avec ceux de l'État, *tous évidemment exposés par une licence impunie, qui en sape continuellement les premières bases ?* La librairie n'est-elle pas tombée avec tout le reste, quand les mauvais livres qu'elle avoit multipliés eurent tout renversé? Est-il permis, pour favoriser le commerce, d'encourager la vente des poisons? De plus, qu'étoit cet intérêt du commerce? celui de rendre aux presses françaises ce qu'on ôtoit aux presses étrangères, ou d'en regagner une partie par l'introduction et le débit des livres imprimés ailleurs. Comment un si *mince calcul* a-t-il pu séduire les ministres d'un royaume tel que la France, et nommément un homme d'ailleurs si respectable par son courage et son infortune, Malesherbes? Ce fut pourtant le prétexte politique de cette tolérance si peu politique, et qui ne pouvoit que ce qui a été dit de *ce funeste règne de l'argent.* L'argent peut servir à tout comme moyen ; mais s'il est avant tout comme principe, il

détruira tout et ne réparera rien... Que les mauvais livres eussent
été écartés par une vigilance sévère et des exemples de rigueur,
bientôt le débit des bons livres eût gagné ce que celui des mauvais eût perdu, par cette pente naturelle qui pousse l'activité com-
merçante d'un côté, quand elle est repoussée d'un autre.

» A l'égard des gens de lettres, le talent, qui est un don de
la nature, n'a de prix réel que par l'usage qu'on en fait : digne
de récompense et d'honneur, si l'usage est bon; il ne mérite que
flétrissure et punition, si l'usage est mauvais : *ce n'est alors qu'un
ennemi, d'autant plus à craindre, qu'il est mieux armé.* Du
reste, jamais il ne sera cruel ni odieux de dire à un homme de
talent, quel qu'il soit : Sortez d'un pays dont vous haïssez les
lois, et n'y rentrez jamais. Que de maux on auroit prévenus, si
l'on avoit su parler ainsi! » (*Cours de Littérature*, tome II.)

« Les vétérans révolutionnaires, disoit M. de Lacretelle dans une
séance solennelle de la société royale des Bonnes-Lettres, le 6 février 1824; les vétérans révolutionnaires de la France craignirent
que l'impiété et l'athéisme n'eussent point pénétré assez profondé-
ment dans l'ame de ces hommes qui mettoient leur constitution
sous l'invocation de la sainte Trinité, et qui rendoient à la religion catholique un hommage qu'ils devoient bientôt démentir (il
s'agit, comme on le voit, des menées libérales en faveur de la
révolte des cortès) : on voulut encourager leur audace, mettre un
triple airain sur leur cœur, et les rendre coupables, à force de
frénésie irréligieuse, et de tous les attentats de la frénésie politique. *Une librairie, sacrilège par cupidité, devint parmi nous
l'infâme instrument de cette combinaison.* Alors furent exhumés
ces ouvrages qu'on ne peut plus nommer sans rougir ni sans frémir; tout, jusqu'à La Métrie, jusqu'à d'Holbach, revit la lumière.
Les livres désespérans ou fastidieux de Volney, de Dupuis, furent
en cinq années réimprimés VINGT FOIS. Lorsque, saisis d'horreur

à cette réapparition monstrueuse, nous demandions pour qui étoient réservés ces ballots d'impiété compacte, d'athéisme portatif, nous apprenions que c'étoit pour l'Espagne, pour Naples, pour le Portugal, pour le Piémont et pour les colonies du Nouveau-Monde, et *que l'excédant étoit destiné à corrompre nos collèges, nos ateliers, nos fermes.* Je me figure aujourd'hui les révolutionnaires espagnols, napolitains, portugais, emportant dans le bagage de leur fuite ces odieux présens qu'ils ont reçus de leurs amis de la France ; au lieu d'y trouver un remède à leurs rémords, ils n'y trouvent qu'un nouvel aliment à leur désespoir. Qu'il est affreux de parcourir en exilés le monde, quand on n'y voit plus de Dieu qui console, le Dieu qui ouvre pour nous la cabane hospitalière ! Mais peut-être conserveront-ils encore l'espérance d'ébranler leur patrie, et sans doute ils la fondent sur ces mêmes semences d'athéisme répandues en Espagne et dans tant de lieux divers. »

EXTRAITS

DES DIFFÉRENS DISCOURS PRONONCÉS PAR M. LE VICOMTE DE BONALD A LA CHAMBRE DES DÉPUTÉS, SUR LES LOIS RELATIVES A LA LIBERTÉ DE LA PRESSE.

SÉANCE DU 28 JANVIER 1817.

. . . . LA Charte ne nous a donc rien accordé que nous n'eussions déjà; elle a voulu seulement qu'il fût porté une loi spéciale et définitive, pour réprimer les abus d'une liberté qui existoit avant elle; et c'est précisément ce que nous avons oublié de faire.

Il faut rappeler ici les lois anciennes sur la publication des écrits.

Quand on eut inventé l'art de les multi-

plier sans mesure et à peu de frais, les gouvernemens sentirent qu'ils ne pouvoient pas
plus laisser tout particulier indistinctement
maître de publier des doctrines, que de fon-
dre des canons, ou de débiter des poisons;
mais qu'ils devoient permettre l'exercice légitime de la faculté d'écrire, comme ils permettent l'usage des armes défensives et la
vente des substances salutaires.

Un seul moyen se présentoit : il étoit indiqué par le bon sens, et l'on n'avoit pas
encore acquis, à force d'esprit, le triste privilège de mépriser les inspirations du sens
commun.

Tout auteur prudent et sage consulte un
ami avant de publier un ouvrage. Le gouvernement, ami de tous les honnêtes gens
et de toutes les bonnes choses, dit aux écrivains : « Vous me consulterez comme un
» ami, avant de publier un ouvrage qui
» peut contrarier les doctrines publiques
» dont je suis le dépositaire et le gardien.
» Je nommerai des hommes éclairés et ver-
» tueux, à qui vous confierez votre manu-
» scrit. Ils seront à la fois vos conseils et
» vos juges, et vos juges naturels, puis-

» qu'ils sont vos pairs. Ils vous indiqueront
» ce qu'il faut retrancher de votre ouvrage,
» ce qu'il faut y ajouter, et pourront en
» permettre ou en défendre l'impression,
» dans l'intérêt de la société, et surtout
» dans le vôtre. »

L'orgueil, et le plus violent de tous, comme
le plus insensé, l'orgueil des doctrines, auroit pu seul se révolter contre une mesure si
sage à la fois et si paternelle; mais alors les
lettres étoient plus modestes : la censure fut
donc établie, et le beau siècle littéraire qui
s'ouvrit sous ses auspices justifia hautement
la sagesse de ce règlement.

Cependant la famille anti-catholique et
anti-monarchique, dont les trois générations
successives, sous trois noms différens, aux
16ᵉ, 17ᵉ et 18ᵉ siècles, s'étoient réfugiées en
Hollande, inondoit, à toutes ces époques,
la France et l'Europe, tantôt de sa triste et
amère controverse, tantôt de ses libelles impies et licencieux. Ils étoient saisis à la fron-
tière, et ne circuloient qu'avec peine et danger. A la fin, un cri de liberté de la presse
se fit entendre, et il retentit d'un bout de
l'Europe à l'autre, répété par de nombreux

échos. On appeloit alors la liberté d'écrire du nom captieux et sophistique de *liberté de penser*, et ceux même à qui la nature avoit le plus complètement refusé cette liberté n'étoient pas les moins ardens à accuser le gouvernement d'en gêner l'exercice. Plus tard, avec plus de raison et de bonne foi, on développa toute sa pensée, et on réclama hautement la liberté d'écrire et de publier ses pensées par la voie de l'impression; et la liberté illimitée de penser et d'écrire devint un axiome du droit public de l'Europe, un article fondamental de toutes les constitutions, un principe enfin de l'ordre social.

Lorsqu'il s'élève dans la société une question importante, et qu'un principe nouveau s'y introduit, on peut être assuré qu'il a une cause profonde et naturelle, moins dans la disposition des esprits que dans la situation générale des choses, et qu'il est ou un besoin ou une maladie de la société, plutôt qu'un système de l'homme.

On n'eût pas songé à agiter la question qui nous occupe au siècle du bon sens, qui fut aussi celui du génie, à cette brillante époque du développement de l'esprit en France, lorsque la presse n'enfantoit que des chefs-d'œuvre. On étoit alors plus jaloux de l'honneur de la liberté de la presse que de sa liberté, et la liberté de tout dire n'eût paru aux Bossuet, aux Fénelon, aux Pascal, aux La Bruyère, ni moins sauvage ni moins absurde que la liberté de tout faire. On ne se fût pas reposé du danger d'une publication illimitée, sur la suppression tardive d'un écrit devenu plus célèbre et plus recherché par la défense de le lire ; et le châtiment même de son auteur n'eût été, aux yeux de ces hommes graves, qu'une réparation bien insuffisante du mal que ses ouvrages avoient fait à la société.

Cette opinion sévère étoit conséquente à l'état des choses et à la situation des esprits. On savoit alors, parce que l'on croyoit. On savoit en religion, en morale, en politique, en science des lois et des mœurs, en science de la société. On marchoit avec sécurité au grand jour de l'autorité et de l'expérience, et l'on n'avoit garde de demander à l'homme des lumières qui se trouvoient toutes dans la société.

Autres temps, autres idées. On n'a plus
rien su, puisqu'on a douté de tout. On a
douté en religion, en morale, en politique,
même en principes de littérature et de goût.
On a douté de tout ce que les meilleurs esprits avoient cru savoir, et de l'existence de
l'esprit lui-même; alors on a demandé des
lumières à l'homme, parce qu'on n'en recon-
noissoit plus dans la société. Après avoir re-
jeté l'expérience, il a fallu tenter des épreu-
ves; et, dans cet aveuglement général, on a
de toutes parts appelé la vérité qui éclaire
les esprits, comme on demande des lumières
pour remplacer le jour, quand la nuit est
venue.

C'est là, n'en doutez pas, la raison profonde de cette fureur de liberté de penser
et d'écrire, qui a saisi tous les esprits, il y
a près d'un siècle. Cette liberté est donc
aujourd'hui aussi conséquente à l'état actuel des hommes et des choses, qu'elle eût
paru, il y a deux siècles, superflue et dé-
raisonnable. Aussi les gens les plus sages
ne disputent que sur le plus ou le moins
de liberté qu'il convient d'accorder à la publication des écrits; ainsi les hommes obéis-

sent, sans le savoir, à l'impulsion que leur
donne la société, même lorsqu'ils croient
ne suivre que l'impulsion de leur propre
raison.

Cependant cet appel fait aux esprits éclairés a été entendu, et n'a pas été sans succès :
ne nous faisons pas les détracteurs de notre
siècle, assez de reproches lui seront faits par
la postérité. Les vérités morales ont été l'objet d'un débat solennel : si quelques-uns ont
tout gagné à les combattre, d'autres, plus
heureux, ont tout perdu en les défendant;
mais enfin la vérité, sur beaucoup de points,
est sortie victorieuse de cette terrible lutte:
car, chez un peuple lettré, une révolution
n'est autre chose que la société en travail
pour enfanter la vérité. Combien de faux
principes, dont on n'ose plus parler, qui
étoient reçus encore, au commencement de
nos troubles, comme des dogmes politiques,
et sur lesquels ceux qui provoquoient si har-
diment la discussion, demandent aujour-
d'hui le silence! On ne tient plus qu'aux
résultats. L'enthousiasme ne dira plus : « Pé-
» rissent les colonies plutôt qu'un principe!
» Les intérêts diront long-temps : Périsse

» l'État tout entier plutôt qu'une consé-
» quence ! »

Ceux même qui, faute d'attention ou de
lumières, n'ont pas encore ouvert les yeux
à la vérité, reconnoissent du moins l'erreur.
Un cri général de réprobation s'est élevé,
d'un bout de l'Europe à l'autre, contre ces
doctrines irréligieuses et impolitiques, qu'elle
accuse de tous ses malheurs; et il a alarmé
les présomptueux architectes qui, sur la foi
et sous la caution de ces doctrines, ont pris
la société à démolir, pour avoir l'honneur
et le profit de la reconstruire; téméraire entreprise, et dont ils ne pouvoient garantir
que la moitié.

On ne redoute plus aujourd'hui la publication nouvelle de grands ouvrages sur ces
hautes matières. Peu d'hommes ont le courage d'en faire, et moins encore la patience
de les lire. D'ailleurs l'erreur, si habile à
varier ses formes, n'a qu'un fonds bientôt
épuisé, et elle tourne toujours dans le même
cercle. La vérité, au contraire, plus uni-
forme dans ses moyens, est infinie dans ses
développemens qu'elle proportionne aux besoins de la société et aux progrès des esprits.

Nous vivrons donc désormais sur les *OEuvres complètes* des philosophes du dernier siècle. Ils ont tout dit, et l'on ne dira pas mieux. On se bornera à réimprimer jusqu'aux *rognures* de leurs écrits impies ou licencieux. Je me sers des expressions des *Prospectus* récens de trois éditions nouvelles des *OEuvres complètes* de cet écrivain célèbre, qui a fait honneur à notre esprit, sans doute, mais qui a fait tant de mal à notre raison; de cet écrivain dont l'apothéose a ouvert la sanglante carrière que nous avons parcourue, « qui a fait tout ce que nous voyons, » s'il n'a pas vu tout ce qu'il a fait, » disoit son historien, au fort des désordres dont il fut lui-même la victime. Une de ces éditions est faite dans le format le plus portatif, et qu'on peut donner à plus bas prix, « dans » le dessein, dit l'éditeur, de mettre ces » *OEuvres complètes* à la portée des moin- » dres fortunes, d'en rendre l'usage plus » commode, et l'acquisition plus facile. » Hélas! il y a aujourd'hui autre chose à mettre à la portée des moindres fortunes, et même des plus grandes; il y a surtout d'autres le- çons à donner aux générations qui s'élèvent,

que des poëmes licencieux et anti-français,
et d'impies et ignobles facéties (1).

D'ailleurs, s'il ne se fait plus aujourd'hui
de gros livres, il s'en fera de petits qui con-
tiendront autant d'erreurs : des esprits plus
exercés et une circulation d'idées plus rapide
permettent de généraliser les doctrines, et
de les réduire à leur plus simple expression.
C'est ainsi qu'une plus grande quantité de
numéraire et une circulation d'espèces plus
active amènent la nécessité des billets de
banque. Il ne manque pas, dans toute l'Europe, de ces écrivains nés de la fermentation
de la société, oiseaux parleurs que la révolution a sifflés, et qui se disent moralistes et
politiques, au même titre que les généraux
romains ajoutoient à leur nom le nom des
pays qu'ils avoient ravagés.

Je demande, 1° que les journalistes soient
soumis à un cautionnement; 2° qu'ils soient

(1) Est-ce par respect pour la Charte, est-ce en l'honneur de
la tolérance religieuse qu'on réimprime des *OEuvres complètes*
dont l'auteur verse à toutes les pages le mépris et l'insulte sur la
religion de l'État, et prodigue à ses nombreux sectateurs les reproches de fanatisme, d'hypocrisie, d'imbécillité, etc.? *Voyez* dans la
Biographie de M. Michaud, article Voltaire, par M. Auger, écrit
avec autant d'impartialité que de talent.

poursuivis devant les tribunaux par un magistrat spécial, pour les délits dont ils pourroient se rendre coupables.

~~~~~~~~~~~~~~~~~~~~~~~~~~~~~~~~~~~~~

SÉANCE DU 19 DECEMBRE 1817.

La Charte dit, article VIII :

« Les Français ont le droit de publier
» et faire imprimer leurs opinions, en se
» conformant aux lois qui doivent réprimer
» les abus de cette liberté. »

Il y auroit beaucoup à dire sur le droit
de publier ses opinions, dont on fait un
droit naturel comme celui d'aller et de venir, de travailler et de se reposer. Sans doute
la faculté de parler et d'écrire est naturelle à
l'homme, dans ce sens, qu'en trouvant l'art
et l'usage établis dans la société, l'homme
a reçu naturellement et même exclusivement la faculté de l'apprendre. Mais le droit
de publier ses opinions est un droit politique. En effet, publier ses opinions sur les
matières qui tiennent à l'ordre public, c'est
exercer un pouvoir sur les esprits, un pouvoir public, puisqu'on ne publie jamais des
opinions que pour les faire triompher et sou-

mettre la raison des autres à sa propre raison. Or, exercer un pouvoir sur ses semblables, là où il y a des pouvoirs publics établis
par la constitution, et qui sont chargés de
veiller sur le dépôt des doctrines qui sont le
fondement des lois et des mœurs, c'est peut-
être une usurpation, si ce n'est une concession, raison pour laquelle le gouvernement
en règle l'usage et en interdit l'abus. Mais
que le droit de publier ses opinions soit naturel ou acquis, la Charte l'a déclaré ou l'a
concédé; dès-lors il existe, et il faut rai-
sonner dans la supposition de son existence,
sans trop en rechercher l'origine.

Vous remarquerez, Messieurs, que la
Charte ne nous donne cependant rien de
nouveau, et que, depuis que l'on compose
des écrits, et qu'il y a des imprimeries, on
a eu le droit de publier ses pensées en se
conformant aux lois qui répriment les abus
de la liberté d'écrire. Le droit général de
publier est partout le même, les lois répressives des abus sont seules différentes, plus
précises ou plus vagues, plus fortes ou plus
foibles, selon les temps et lieux.

Ce que la Charte dit de la liberté de pen-

ser, les lois partout le sous-entendent de la
liberté d'agir, et partout les hommes ont la
liberté de faire telles actions qu'il leur plaît,
à la charge de répondre, devant les lois, de
l'usage de cette liberté.

Quel moyen avoit pris autrefois l'autorité
pour conserver aux citoyens le juste droit
de publier leurs opinions, et pour garantir
en même temps la société et les écrivains
eux-mêmes des erreurs de leur esprit?

Elle avoit établi une censure préalable sur
les écrits, institution vraiment libérale, qui
investissoit des hommes graves, instruits,
connus par leur capacité et la droiture de
leur esprit et de leur cœur, de la fonction
toute paternelle d'éclairer, d'avertir, de re-
prendre les écrivains, et en ménageant leur
amour propre et même leurs intérêts, de
leur épargner la dure censure du public, et
l'inflexible rigueur des tribunaux. Que faisoit l'autorité autre chose en donnant des
censeurs aux écrivains, préalablement à l'impression de leurs ouvrages, que ce qu'un
auteur sensé doit faire lui-même, en demandant sur ses productions l'avis d'amis sages
et éclairés? et n'est-ce pas le conseil que

donnent aux hommes de lettres les critiques
les plus judicieux? En vain on diroit que
les censeurs étoient dépendans, passionnés,
hommes de parti; qu'ils pouvoient manquer
de connoissances et de lumières : on peut
en dire autant des juges, des jurés, des critiques, de tout le monde, et ce n'est pas
une objection contre un système qu'une al-
légation gratuite qu'on peut opposer abso-
lument à tous les systèmes

Mais la censure avoit un autre motif, un
motif même nécessaire, et auquel je vous
prie, Messieurs, de faire une sérieuse attention.

Les lois criminelles sur les actions extérieures sont à la fois préventives et répressives, puisqu'elles indiquent à l'avance la
nature, le genre et l'espèce des délits ou des
crimes dont on peut se rendre coupable par
des actions, et que l'homme sait que la
moindre atteinte extérieure portée à son
semblable dans son honneur, sa vie ou ses
propriétés, peut être connue, peut être ap-
préciée, et doit être punie d'une peine
plus ou moins grave, suivant la gravité de
l'action.

Mais les lois criminelles sur les délits de la pensée ne peuvent être que répressives, parce qu'il est impossible à la loi de préciser, et souvent à l'auteur lui-même de connoître quand, et comment, et jusqu'à quel point il peut être coupable. Si la justice n'a égard qu'à l'intention présumée de l'écrivain, elle peut tomber dans l'arbitraire; si elle juge uniquement sur l'expression, ou sur le matériel du discours, elle est souvent en défaut, puisqu'en disant matériellement qu'un tel est honnête homme, et homme d'esprit, on peut vouloir dire, et le lecteur peut entendre qu'il est un sot et un fripon. Ainsi, même à prendre les qualifications de ce qui est délit, et de ce qui est crime dans les abus de la presse, telles que nous les trouvons dans le Code pénal et les autres codes, un écrivain provoquera le renversement du gouvernement en recommandant l'obéissance aux lois; tel autre exhalera l'injure contre les personnes en prodiguant le respect. Mais l'écrivain lui-même le mieux intentionné qui traitera avec une certaine liberté de matières politiques, ne pourra jamais savoir s'il est digne de louange ou de blâme; les amis qu'il pourra consulter, placés comme lui loin du centre des mouvemens, des secrets des ménagemens de la politique, n'en sauront pas davantage, et il eût été heureux que des hommes graves, revêtus de la confiance du gouvernement, et par leur considération personnelle de celle du public, lui eussent indiqué à l'avance les inconvéniens et les dangers de sa production, et lui eussent ainsi épargné la honte et le préjudice d'une condamnation judiciaire. En un mot, un livre qui paroît est un homme qui parle en public, qui professe devant le public; et comme nul ne peut professer, même aujourd'hui, sans un examen préalable de capacité, on transportoit naturellement aux ouvrages cette nécessité d'examen préalable, et il me semble que, si l'idée n'étoit pas très-libérale, elle étoit du moins assez raisonnable.

Et remarquez, Messieurs, comme ce système peut s'accorder et avec les dispositions et avec le texte même de la Charte. La Charte a parlé de lois criminelles qui doivent *réprimer* les abus de la presse, parce qu'effectivement les lois criminelles en cette matière

ne peuvent être que *répressives;* mais prétendre qu'elle a exclu par cette disposition
toute mesure préventive dans l'intérêt même
des écrivains, toute mesure qui seroit hors
du cercle des lois criminelles, c'est lui faire
dire ce qu'elle ne dit pas, ce qu'elle ne peut
pas dire; c'est lui faire dire une chose absurde et cruelle; c'est lui faire dire ce que
jamais aucune loi n'a dit : « Gouvernement,
» tu puniras le crime, mais tu te garderas
» bien de le prévenir. » Et cependant rien
de plus facile que d'accorder ici les lois répressives et les mesures préventives. La censure autrefois étoit prohibitive, aujaurd'hui
elle pourroit n'être qu'admonitive, et l'auteur auroit le choix de déférer à l'opinion
du censeur ou d'appeler aux tribunaux.
Dans ce système, la censure seroit, à pro-
prement parler, *la justice de paix* de la
société littéraire, une magistrature de conciliation pour terminer à l'amiable le diffé-
rend prêt à s'élever entre l'auteur et le public. Mais si l'auteur, ou le public représenté
par le ministère public près les tribunaux,
rejetoient les voies de conciliation, la lice
leur seroit ouverte, et la cause portée de-

vant les tribunaux ; et selon que l'opinion
des censeurs seroit favorable ou contraire,
l'ouvrage resteroit en prévention de délit,
ou pourroit provisoirement circuler.

Et qu'on ne dise pas que la censure dé-
courageroit le génie : rien ne décourage le
génie, pas même les saisies et les confisca-
tions, parce que le génie est essentiellement
bon, ou autrement il n'est que du bel esprit; mais je vais plus loin, et j'ose avancer
qu'il n'y a pas, qu'il ne peut y avoir une
seule production de l'esprit humain qui soit
ou qui puisse être *nécessaire* à la société, et
qu'il y en a un grand nombre qui lui ont été
funestes. Et c'est sous ce point de vue général qu'un gouvernement doit considérer
la question qui nous occupe.

Je ne crains pas de dire qu'elle ne sera
jamais résolue à l'avantage des auteurs et de
la société, tant qu'on s'obstinera à ne vouloir que punir et point prévenir ; et que faire
un règlement général sur d'autres bases,
c'est chercher une issue dans un lieu fermé.

La loi renvoie la connoissance des crimes
en cette matière au jury ordinaire, je propose un jury spécial. Tout en France est

jugé spécialement, et c'est même le plus
antique privilège des Français, d'être jugés
par leurs pairs. Le commerçant, le militaire,
l'artiste ou l'artisan sont jugés par leurs
pairs, puisqu'il y a des tribunaux de commerce et des tribunaux militaires, et que,
dans les questions relatives aux arts, les juges ordinaires ne prononcent que sur le
rapport d'experts jurés : même en matière
civile, il n'y a de juges *institués* que ceux
qui se sont voués *spécialement* à l'étude du
droit civil; et en ont fourni la preuve au-
thentique par l'obtention des grades; et jusque dans le jury ordinaire, les récusations
nombreuses qu'exercent à la fois les accusés
et le ministère public, donnent au jury,
pour chaque affaire, un caractère de *spé-
cialité,* puisqu'il est censé que les deux parties récusantes ne conservent sur le nombre
total des jurés que ceux qu'elles jugent plus
spécialement capables de défendre l'accusé
et de venger la société.

Nous sommes arrivés à la partie la plus
importante de cette discussion, à la distinction, dans les ouvrages d'esprit, de ce qui
est permis et de ce qui est défendu.

Ici la règle est la même pour les pensées manifestées par les écrits que pour les actions.

Ainsi, l'existence de *Dieu*, cause première de l'univers, seul souverain de la société, et la nécessité d'une religion révélée, et du culte d'*adoration* et d'amour qu'elle exige des hommes; ainsi l'honneur dû aux familles publiques *pères et mères* de la société, et dû aussi à ceux à qui elles confient une portion de leur autorité, de cette autorité tutélaire que nous ne pouvons cesser de respecter et de chérir, même lorsque de grands devoirs nous forcent de remarquer ses erreurs, ou de lui montrer ses limites; ainsi la vie et la propriété de nos semblables, et tout ce qui est compris, même par voie de conséquence, dans la défense de l'homicide et du vol; ainsi les bonnes mœurs et la sainteté du lien conjugal, qui en est le fondement; ainsi la vérité du témoignage que nous devons à la justice, et qui est le seul lien et le garant universel des relations sociales, sont comme doctrines publiques hors du domaine des controverses humaines, et ne peuvent être un objet public de con-

tradiction, parce que ces principes divins
de législation universelle, et de laquelle tous
les peuples, même les moins avancés, ont
déduit, comme une conséquence, leur législation particulière, sont le type de l'ordre, et le fondement de toute société parmi
les hommes.

Si l'orateur romain, qui croyoit cette loi
innée, parce qu'il n'en connoissoit qu'im-
parfaitement le texte et l'auteur, a pu dire
que les hommes ne pouvoient la suspendre,
ou l'abroger, ni même y déroger dans la
moindre chose, pense-t-on que nous qui
en avons sucé, avec le lait, la pleine connoissance, nous élevés au milieu des habitudes qu'elle a formées et garanties par les
lois qui en sont le développement; pense-
t-on que nous puissions en faire une vaine
pâture pour l'orgueil de nos systèmes, et
l'intempérance de nos esprits? Ainsi toute
doctrine qui tendroit à en contredire les
dispositions, à en ébranler la croyance, à en
dénaturer le sens, même par voie de conséquence, ne sauroit être la matière de nos
discussions publiques; et ce code du monde
moral est, je le répète, hors de notre com-

pétence intellectuelle, comme le mouvement des sphères célestes est hors de notre action physique.

Ainsi seront à jamais repoussés de la société ces vains systèmes de politique, de religion et de morale, qui ont fait l'erreur d'un siècle, et le malheur d'un autre; instrumens de ruine, qui ont couvert l'Europe de débris, et menacent encore tout ce qui reste parmi nous de raison humaine et d'ordre social.

―――――――――――――

SÉANCE DU 17 AVRIL 1819.

La question de la liberté de la presse, si souvent agitée, traitée dans les deux sessions précédentes, le sera vraisemblablement dans les sessions suivantes, puisque nous la traitons encore dans celle-ci, et même nous la décrétons sans la résoudre.

Nous sommes partis de deux principes également faux : l'un, que la presse n'est qu'un instrument, comme le bâton qui frappe ou le poignard qui tue, et que l'imprimeur qui lit ou fait lire le manuscrit, le prote qui corrige l'épreuve, sont partie de cet instrument, comme le papier, les presses et les caractères. La presse n'est pas un instrument borné à un lieu, à un temps, à une action, qui, hors de la main qui l'emploie, est un morceau de bois, ou de fer, inutile à tout, inhabile à rien produire; elle est un homme qui parle, mais qui parle à la fois pour tous les temps, pour tous les lieux, à tous les hommes. Il ne faut pas la voir dans l'assemblage des pièces qui composent la machine appelée *presse*, mais dans le livre qu'elle produit, comme vous ne voyez les outils de l'horloger et l'horloger lui-même, que dans la montre qui résulte de son travail. Ce même livre, écrit à la main avant l'invention de l'imprimerie, ou imprimé à dix mille exemplaires, est un instrument bien différent; et l'imprimeur qui sciemment imprime un écrit dangereux, peut être aussi coupable que le pharmacien qui donne du poison, sachant qu'on en fera un usage criminel (1).

---

(1) Le graveur qui publie une gravure obscène ou séditieuse, n'est-il aussi qu'un instrument comme sa *planche*, et n'a-t-il pas le discernement de ce qu'il fait?

Un autre principe également faux a conduit les partisans de la liberté de la presse à des conséquences peu raisonnables. Ils ont perpétuellement confondu la faculté naturelle ou plutôt *native* qu'a l'homme de penser et d'*exprimer* sa pensée, faculté qui dérive de sa constitution morale et physique, avec la liberté de *publier* ses pensées par la parole ou par l'impression, que l'homme tient de la loi, qui seule peut permettre au particulier de s'ériger en autorité publique sur les esprits.

Car si chacun avoit la liberté naturelle de publier ses pensées par la voie de l'impression, il auroit à plus forte raison la liberté plus naturelle encore de les publier par la parole; je veux dire d'attrouper le public pour lui débiter ses doctrines. Cette conséquence inévitable, mais insoutenable, ruine toute seule le principe. La liberté, non de penser, mais de *publier* ses pensées, est une concession de la loi, et elle peut y mettre telle condition qu'il lui plaît, ou plutôt elle doit y mettre les conditions les plus sévères.

Nous faisons une loi sur la liberté de la

presse, sous l'influence du même principe qui a fait les quakers et d'autres sectes de fanatiques; du principe que, dès que le premier venu veut prendre la parole dans une assemblée, ou la plume pour parler au public, l'*esprit* lui révèle aussitôt tout ce qu'il doit dire ou écrire pour l'édification de ses semblables et l'utilité de la société.

Il n'y avoit qu'un moyen de sortir d'embarras, un moyen de concilier avec les intérêts naturels et légitimes de la société la faculté *native* et la liberté *légale* de l'homme, de donner à l'écrivain de bonne foi une garantie contre l'animadversion de la loi, les poursuites de l'autorité, les erreurs mêmes de son esprit, et au public éclairé et vertueux une garantie contre la sottise, la malice, l'ignorance des écrivains; enfin de rendre facile au gouvernement l'accomplissement du premier et du plus sacré de ses devoirs, celui de prévenir le crime pour n'être pas dans la fâcheuse nécessité de le punir.

Ce moyen étoit la *censure préalable*. Il avoit été en usage parmi nous lorsque la presse n'enfantoit que des chefs-d'œuvre;

et depuis que la censure s'étoit relâchée de sa sévérité, aucun des ouvrages qu'elle auroit dû supprimer n'avoit été sans danger et sans reproche. Ce moyen, usité ailleurs qu'en France, étoit inoffensif pour l'écrivain, puisqu'il pouvoit n'être que *facultatif*, et que l'écrivain lui-même ou le ministère public pouvoient appeler aux tribunaux ordinaires de la décision des censeurs. Ce moyen enfin existe, quoi qu'on dise, dans la Charte, puisque la Charte veut des lois pour réprimer les abus de la liberté de la presse. Or, des deux moyens, constitutionnel et administratif, de maintenir l'ordre contre tout ce qui peut le troubler; de ces deux moyens, différens dans leurs procédés, identiques dans leur but, l'un, le moyen administratif, la police, réprime le mal en le prévenant; l'autre, le moyen constitutionnel, la justice, le *réprime* en le punissant; et qu'ainsi prévenu ou puni, le désordre est empêché, c'est-à-dire réprimé.

La *censure préalable* fut proposée à la session dernière. On ne répondit pas aux observations qui la justifioient, parce qu'effectivement il n'y avoit rien à répondre:

elle ne fut pas même prise en considération, et n'a pas reparu dans le projet actuel. Il ne restoit donc plus rien à dire sur cette question, *à celui qui ne connoît, qui ne conçoit même pas un autre moyen de la résoudre,* puisqu'en punissant l'auteur, et même en saisissant l'écrit imprimé, le jugement subséquent qui en arrête la publication ne peut en empêcher la circulation clandestine, plus attrayante et plus active, parce qu'elle est clandestine; car, s'il y a une vérité démontrée en commerce de librairie, c'est que tout écrit, une fois qu'il est imprimé, circule; que plus il est dangereux, et par les doctrines qu'il renferme, et par les talens de son auteur, mieux il circule; et qu'enfin, s'il est possible à la police, comme je le crois, de prévenir l'impression, il est impossible à la police et à la justice d'empêcher la circulation. En général, dans toutes les discussions sur la liberté de la presse qui ont eu lieu dans nos différentes assemblées législatives, on n'a considéré que l'homme et jamais la société; on n'a consulté que l'amour propre ou les intérêts personnels de l'écrivain, et jamais l'utilité publique, et les vrais intérêts de la société, qui doivent être le but unique de toutes les lois.

~~~~~~~~~~~~~~~~~~~~~~~~~~~~~~~

SÉANCE DU 9 JUILLET 1821.

Quelques considérations politiques, qui n'auront d'autre mérite que la vérité, d'autre parure que la simplicité, c'est tout ce que nous ont laissé à vous offrir les orateurs que vous avez entendus dans la séance d'hier. Il n'y a plus, dans cette discussion, de place à l'éloquence; il y en a encore pour la philosophie, à qui il en faut beaucoup moins.

La liberté légale d'écrire et de publier ses écrits n'est ni une propriété du génie, ni un droit de la nature, ni un bienfait de la loi; elle est le symptôme essentiel de cet état de société qu'on appelle gouvernement représentatif, à peu près comme la fièvre est le symptôme d'un état inflammatoire : les hommes ne la décrètent pas, la nature de ce gouvernement la produit; la société n'en jouit pas, elle en subit la nécessité.

Cette liberté d'écrire est la guerre inévi-

table des deux pouvoirs royal et populaire
qui constituent ce gouvernement. Elle naît
avec lui, n'existe pas avant lui, et n'existe-
roit pas après lui. Vous la voyez se prolonger
en Angleterre, nous l'avons vue naître en
France avec la Constituante, et mourir sous
le Comité de salut public et sous Buonaparte.
Nous la voyons commencer en Espagne, en
Portugal, et partout où une révolution vient
placer les doctrines populaires à côté des doctrines monarchiques. Est-ce un bien?........
est-ce un mal?..... C'est une nécessité. Partout où il y a deux pouvoirs, il y a deux
sociétés, et deux sociétés ne peuvent pas
vivre tranquilles dans le même État.

Sous Louis XIV, il n'y avoit en France
qu'une doctrine politique : il n'y avoit pas
de liberté de la presse sur les matières politiques, on n'y songeoit même pas; mais il y
avoit, depuis la réforme, deux doctrines religieuses : il y avoit donc liberté d'écrire sur
les matières religieuses. Les écrivains protes-
tans et ceux de Port-Royal, Bossuet et Leib-
niz, combattoient corps à corps dans des
écrits forts d'érudition et de raisonnemens,
et le plus souvent modèles de politesse ;

nobles combattans qui faisoient la guerre
comme elle se fait entre des peuples civilisés, en ménageant le pays qui en est le
théâtre, je veux dire la religion chrétienne,
qui leur étoit commune; mais comme la
religion est, qu'on le veuille ou non, insé-
parable de la politique, Bossuet traitoit in-
cidemment, dans ses immortels *Avertisse-
mens*, ces mêmes questions qui font aujour-
d'hui le fond de nos débats politiques, et
Jurieu, son fougueux antagoniste, lui en
avoit donné l'exemple.

La liberté d'écrire est donc la lutte entre
des doctrines opposées, et cette guerre des
esprits doit avoir ses lois comme la guerre
des armes, des lois qui lui laissent ce qu'elle
a d'inévitable, et lui ôtent ce qu'elle auroit
de violences inutiles et d'effets trop meur-
triers.

Tous les peuples ont donc imposé des
freins à la liberté d'écrire, et porté des lois
pour cette guerre des esprits, et les Anglais,
qui punissent si sévèrement le *libelle*, et les
Romains, dont le sénat, dans sa profonde
sagesse, bannit si souvent de la république
les philosophes qui troubloient l'État par

des discours parlés ou manuscrits, comme les nôtres le troublent par des imprimés.

Nous avouons tous la nécessité de ces lois. Les uns les veulent *répressives;* les autres, sous le nom de *préventives,* les veulent réprimantes, car aucun de nous ne demande la paix et ne peut la demander, et c'est en cela seul que nous nous accordons.

Ainsi, Messieurs, ce ne sont ni les lois *répressives* qu'il nous faut opposer à la licence de la presse, ni des lois *préventives,* mais des lois efficaces; et c'est assurément ce que la Charte a dit, ou elle n'a voulu rien dire (1).

Mais ceux qui ont le plus usé et abusé de la liberté d'écrire, qui sont le plus disposés à en user ou abuser encore, sont ceux qui demandent avec le plus d'obstination des lois *répressives* et qui judaïsent le plus longuement sur le mot *réprimer :* c'est une preuve

___

(1) C'est sans doute pour le plaisir de disputer que nous ne pouvons nous entendre sur le véritable sens du mot *réprimer* exprimé dans la Charte, lorsque nous pourrions terminer toute contestation sur ce point en consultant ceux qui l'ont faite. Ils nous diroient que *réprimer un abus,* signifie, en bon français, *prévenir un délit.*

qu'ils ne jugent pas très-réprimantes ces lois *répressives*, et qu'ils craignent beaucoup trop ce sens de *prévenir*, que la grammaire et la logique trouvent tout naturellement dans l'expression de *réprimer*. Cette raison devroit suffire, s'il étoit possible à un grand nombre d'esprits de se contenter d'*une* raison.

Attendre à punir le délit quand on peut le prévenir, est une barbarie inutile, un crime de lèse-humanité qui déshonore un code et un gouvernement.

Préférer la répression par la justice à l'avertissement par la censure, est un choix vil et abject qui déshonoreroit un écrivain, et ne peut tenter qu'un libelliste.

Nos mœurs ont toujours été plus indulgentes que nos lois. C'est un beau trait de caractère national. Aussi avoit-il fallu, pour maintenir de l'ordre en France, des lois fortes et des tribunaux plus forts encore que les lois.

Ce caractère ne s'est pas perdu, même après que les lois et les tribunaux se sont affoiblis : mais il en résulte un grand mal, la difficulté et bientôt l'impossibilité de pu-

10

nir; puissant et nouveau motif de prévenir.

Si vos lois répressives sont foibles, il y aura peu de péril, et souvent beaucoup de profit à les braver; si elles sont fortes, elles ne seront pas appliquées par des tribunaux foibles, et le seront d'autant moins, qu'elles seront plus fortes.

Essayez, comme en Angleterre, de condamner un écrivain impie ou séditieux à une amende qu'il ne puisse pas payer, même en restant en prison toute sa vie, et vous verrez, avant qu'il y ait passé trois ans, la philantropie philosophique, et la charité chrétienne conspirer de concert pour obtenir sa grâce de l'autorité. Telles sont nos mœurs; et, s'il ne faut pas leur céder, il ne faut pas trop s'en plaindre.

Je ne dirai plus qu'un mot, et il sera entendu. Comment oserez-vous seulement proposer la répression judiciaire de la licence d'écrire dans un pays où, au temps de la plus grande dignité des mœurs, lorsque les principes d'honneur avoient tant de force dans la société et d'empire sur les esprits, un écrivain, un philosophe, un homme d'un talent reconnu, admiré et caressé dans le grand monde, qui se seroit offensé d'être assigné par un huissier, s'applaudissoit, s'honoroit peut-être de voir son nom et son ouvrage aux pieds du grand escalier du palais de la justice, *exécutés* par le bourreau? L'auteur en personne auroit été exécuté, qu'il ne se seroit pas cru, qu'on ne l'auroit pas cru déshonoré. Jamais, en France, l'abus du talent n'a déshonoré personne. Et comment pouvez-vous faire des lois répressives là où l'application d'une loi pénale et la répression judiciaire n'impriment pas une flétrissure? Il ne vous resteroit à tenter que le *fouet* et la *marque*, et vous useriez tout, l'honneur et les lois.

Aussi, au temps de la plus grande sévérité des lois criminelles et des chambres de Tournelle, on n'avoit su opposer que la censure à la licence des écrits, et les tribunaux punissoient un écrivain plutôt pour avoir décliné ou trompé la censure, que pour avoir publié des écrits dangereux.

Mais, nous dit-on, la censure est arbitraire.—Est-ce qu'il n'y a pas de l'arbitraire dans tous les jugemens?—Vous donnez au censeur ou au juge un pouvoir discrétionnaire. — Est-ce que l'écrivain n'a pas lui-même ce pouvoir discrétionnaire d'écrire le vrai et le faux, la louange et l'injure, le bien et le mal? Si le méchant se sert à volonté, pour nuire à la société, de toutes les forces et de toutes les ruses de son intelligence, voulez-vous interdire au censeur et au juge, pour prévenir le délit ou le punir, le droit de faire usage de la sienne? et croyez-vous réduire les innombrables combinaisons de l'art de présenter ou de sous-entendre les pensées les plus dangereuses sous les expressions les plus innocentes, à un fait précis et matériel, comme un vol, un faux ou un assassinat?

La société périt, non par l'absence de la vérité, car elle a toujours possédé celles qui lui étoient nécessaires, mais par la présence de l'erreur; et un écrit tout entier, bon et utile, injustement supprimé, n'auroit pas fait autant de bien que feront de mal quelques lignes coupables laissées dans un écrit par foiblesse ou par complicité. La société n'a rien à apprendre; elle a beaucoup à oublier.

Osons le dire, une loi répressive de la li-

cence d'écrire, j'entends une loi réprimante,
est impossible à faire, impossible à exécuter; nos ennemis le savent, et c'est pour cela
qu'ils la demandent.

On ne fait pas même attention que ces
lois répressives ne sont réellement que *pré-*
ventives à l'égard des écrits non périodiques, connus de l'autorité aussitôt qu'ils ont
paru, et dont elle est toujours à temps d'arrêter la circulation, nécessairement plus
lente; au lieu que, pour les journaux, les
lois répressives sont tardives et surannées,
parce que la poste disperse ces feuilles légères aux extrémités de l'Europe avant que
l'autorité en ait eu connoissance.

Il faut donc une censure, une censure
sévère, une censure universelle sur tous les
écrits périodiques ou autres; il faut en faire
une magistrature, et placer à sa tête, comme
autrefois, le chef de toute la magistrature;
il faut que le censeur soit honoré, pour que
la censure soit honorable; il le faut ainsi,
car le mal est à son comble. Je craindrois
d'en affoiblir le tableau en vous le présen-
tant, et la tribune publique ne peut pas le
porter. L'oppression des mauvais écrits est

intolérable, et l'insurrection des pères de
famille, de tous les honnêtes gens contre ces
tyrans des esprits, ces corrupteurs de toute
morale, ces ennemis de toute autorité légitime, ces fléaux de toute société; l'insurrection seroit, je ne crains pas de le dire,
le plus saint des devoirs; et cette fois, du
moins, cette maxime aura trouvé sa légitime application.

Je l'avoue, auprès de ces considérations
générales, les considérations particulières et
personnelles me touchent foiblement, et
ici la conscience parle seule et plus haut
que l'amitié. Je suis envoyé pour faire des
lois, et non pour faire des ministres. Si les
hommes sont mauvais, il faut bien plus im-
périeusement que les lois soient bonnes; il
en restera toujours quelque chose, il en ré-
sultera quelque bien; et où irions-nous, s'il
falloit attendre, dans le temps où nous vi-
vons et dans un gouvernement tel que le
nôtre, pour porter de bonnes lois, que les
hommes qui doivent les exécuter fussent
irréprochables aux yeux de tous? Il seroit
bien plus facile à de mauvais ministres d'a-
buser de mauvaises lois; il suffiroit d'en

user. Faites toujours de bonnes lois, et at-
tendez de meilleurs temps, et, s'il le faut,
de meilleurs hommes qui trouveront tout
préparé l'instrument dont ils doivent se servir. C'est à la société qui demeure que vous
donnez des lois, et non aux ministres qui
passent et à qui vous ne devez rien. Je sais
l'abus qu'on a fait de la censure, et je n'ai
pas oublié ce temps de désastreuse mémoire
où le *Conservateur* et ses doctrines qui ont
éclairé l'Europe étoient mis sur la même
ligne que la *Minerve* et ses poisons. Je sais
l'abus qu'on peut en faire encore, mais je
sais aussi que l'absence de frein à la licence
d'écrire seroit le plus dangereux de tous les
abus. J'ai toujours demandé la censure pour
les écrits. J'avois pensé que la répression
judiciaire suffisoit pour les journaux; mais
outre que les journaux sont aujourd'hui les
seuls écrits qu'on lise, j'ai vu la répression
judiciaire, et je n'y crois plus, et elle n'a
été que l'occasion d'une défense publique
des prévenus, plus scandaleuse cent fois
que les délits dont ils étoient accusés.

D'ailleurs il faut être juste envers tous,
et même envers ceux qui seroient injustes à

notre égard; vous portez des lois sévères de
répression, mais leur exécution ne dépend
que des juges, elle en dépend plus encore
que la censure ne dépend des censeurs : car
les censeurs sont amovibles , et l'inamovibilité du juge le défend contre toute influence
ministérielle , bonne ou mauvaise. Le censeur est sous l'influence du gouvernement,
mais le juge peut être sous l'influence bien
plus puissante d'un parti, et tandis que le
censeur ne donne à ses décisions que le
poids de son autorité précaire et personnelle,
le juge donne à ses arrêts la sanction sacrée
de la loi, et avec un jugement peut faire
une jurisprudence, et cela même est un
grand danger. Il est vrai cependant qu'une
marche ferme et décidément monarchique,
dans le gouvernement et l'ensemble de ses
choix et de ses mesures, peut donner une
meilleure direction à la censure et même
aux tribunaux. Cette marche ferme et déci-
dée nous manque depuis long-temps, elle
a même été en sens tout-à-fait contraire, et
nous en avons vu les effets dont nous nous
ressentons encore. Mais si la faute en est aux
hommes, la première cause en est dans les

institutions qui se composent de deux principes opposés, et par conséquent indécis; car
qui dit opposition entre eux, dit indécision,
puisque le point où ils se touchent est celui
où ils se divisent. C'est ce que M. le ministre
de l'intérieur a voulu nous dire, lorsqu'il
nous a parlé de deux *couleurs* de journaux.
Mais si la constitution a deux couleurs, le
gouvernement, qui n'est pas la constitution,
et qui est chargé de la faire marcher ou de
nous faire marcher nous-mêmes avec elle
et sous sa direction; le gouvernement, sous
peine de voir *trois couleurs* en France, ne
doit en prendre qu'une, la couleur monarchique. Toute la démocratie que peut ad-
mettre la constitution est dans cette chambre, et il y en a assez; la monarchie doit se
trouver dans tout le gouvernement. C'est
tout ce que nous demandions en 1815, c'est
encore tout ce que nous demandons aujourd'hui; et ceux qui, de bonne foi, voudroient de la démocratie dans le gouvernement, quand il y en a dans la constitution,
sont des insensés.

Il y aura donc guerre entre les journaux
de couleurs différentes, et cela ne peut guère

être autrement, tant que l'on considèrera
les journaux comme une *appendice* de la
constitution, ce qui certainement leur fait
beaucoup d'honneur; mais cette guerre entre
les esprits a ses lois comme celle des armes,
et même des lois semblables pour l'une et
pour l'autre, à cause de l'évidente analogie
de l'ordre physique et de l'ordre moral.

Ainsi, l'on ne doit pas faire cette guerre
avec les armes empoisonnées et défendues
du sarcasme, de l'impiété, de l'obscénité,
de l'imposture, de la calomnie. Ainsi, on
ne doit pas la faire à ceux qui ne la font
pas, et qui ne peuvent se défendre, c'est-à-
dire qu'on ne doit pas chercher à séduire la
simplicité, à enflammer les passions, à tromper la crédulité et l'ignorance des jeunes
gens, des soldats, du peuple. On doit écrire
avec gravité sur les sujets graves, ne pas attaquer des esprits sans défense, et parler à
ceux qui peuvent vous entendre et vous répondre.

Jusqu'ici, j'ai parlé des doctrines et de la
guerre qu'elles se font entre elles, et je n'ai
rien dit des personnes et des attaques qu'on
peut leur livrer dans des écrits. Une seule

personne exceptée (le Roi et la famille
royale), qui ne peut être personnellement
attaquée, par mille raisons de sentiment et
d'intérêt public, et par cette raison philosophique que la personne royale est la seule
qui ne puisse personnellement se défendre,
et que toute vengeance privée est interdite
à ce dépositaire de toute la vindicte publique (1); cette personne exceptée, dis-je, je
crois que toute autre, et surtout dans les emplois publics, peut être objet de critique,
parce que les mœurs lui permettent, et que
les lois lui donnent les moyens de poursuivre le diffamateur et de faire punir la diffamation.

Il y a une loi en Danemarck qui oblige
tout homme en place, sous peine de desti-
tution, à poursuivre devant les tribunaux
l'auteur de l'écrit où il est inculpé. Là, un
écrivain n'en est pas quitte pour dire qu'il
s'est trompé, ni l'agent prévaricateur n'a pas
la ressource banale et commode de dire qu'il
est au-dessus de l'inculpation, et que l'injure ne sauroit l'atteindre. L'un doit justifier
son agression, ou l'autre prouver son inno-

(1) Ceci s'applique également aux princes étrangers.

cence ; et la rigueur des peines ôte la tenta-
tion de les braver. Cette loi, qui impose aux
écrivains plus de circonspection, et aux agens
du pouvoir une attention plus sévère sur
leurs actes, me paroît plus sûre pour prévenir les abus de l'autorité que la responsabilité légale, véritable cautionnement mi-
nistériel qui, du moins en France, ne peut
plus être compromis. L'homme en place doit
défier la médisance, braver la calomnie, et
s'honorer, s'il le faut, de l'ingratitude et de
l'injustice.

Je finirai par une réflexion que je crois
d'un haut intérêt. S'il n'y avoit en Europe
qu'un peuple qui fournît tous les autres de
blé ou de pain, tous, en le payant, auroient
droit d'exiger qu'il ne fît rien entrer de nui-
sible dans la fabrication de ces alimens de
première nécessité. Mais l'homme, a dit la
Vérité éternelle, *ne vit pas seulement de
pain,* mais de parole et de doctrine, et c'est
de l'homme civilisé qu'elle parle ou de la
société ; et combien voyons-nous aujour-
d'hui de sociétés en Europe qui périssent
pour avoir goûté des alimens empoisonnés !
Or, le peuple français, si l'on me permet

cette expression, fournit tous les autres peuples de doctrines sociales. L'universalité de sa langue lui donne une influence, ou plutôt une domination immense, irrésistible sur les esprits dans toute l'Europe; une domination telle qu'aucun peuple n'en a jamais, depuis les Romains, exercé une semblable sur d'autres peuples, et moins encore sur des peuples civilisés. Cette domination n'est pas bornée à une prééminence littéraire; mais elle assure encore à la France de grands avantages politiques et d'immenses bénéfices commerciaux. Les peuples qui, en adoptant sa langue, se sont volontairement soumis à cette domination, et qui, à leurs dépens, lui procurent ces avantages et ces bénéfices, ont donc le droit de lui demander de veiller sur des écrits qui peuvent leur faire tant de bien ou tant de mal, sur des écrits qui sont pour eux des lumières qui éclairent ou des feux qui embrasent. La France, sur ce point, est hors de toute comparaison avec d'autres peuples; j'en parle, Messieurs, avec connoissance de cause : un écrit dangereux, sorti des presses françaises, est une déclaration de guerre à toute l'Europe; et quand partout ailleurs la presse seroit libre de tout frein, elle devroit, en France, être circonscrite dans d'étroites limites.

Il faut peu de livres, a dit un homme d'esprit, aux peuples qui lisent beaucoup; sans cela, l'art de lire, cet élément de toutes les connoissances, devient l'instrument de toutes les révolutions.

Je vote pour la censure, non-seulement sur les journaux politiques, mais sur les journaux littéraires qui se mêlent de politique, sur les journaux de province comme sur ceux de Paris. Je vote pour la censure, et je demande qu'elle finisse dans les deux ou trois premiers mois de la session prochaine; et je crois rendre service aux ministres eux-mêmes, et les défendre contre l'entraînement des affaires, en leur imposant l'obligation de présenter, à temps fixe, une loi fortement répressive, par les cours royales, de la licence de la presse, puisqu'on le croit possible; ou, ce que je crois plus sûr et plus facile, une organisation définitive de la censure, et peut-être l'une et l'autre à la fois (1).

(1) Ceux qui s'en tiennent si rigoureusement à la *lettre* de la Charte, et qui croient toute interprétation de son *esprit* sévère-

Enfin l'année dernière 1826, je publiai sous le titre de *la Liberté de la presse* un écrit en faveur de la censure, imprimé chez Beaucé-Rusand.

—————

Telle est l'*histoire de mes variations,* et pour emprunter le langage d'une autre *Histoire des variations,* je dirai que, si j'ai varié, et pour bonnes raisons, sur un point de *discipline politique,* la répression des délits de la presse préalable ou subséquente, mes adversaires ont varié sur le *dogme,* et leur royalisme touche de très-près à la démocratie. Ils ont varié sur les choses et sur les personnes,

ment interdite, trouvent-ils dans la *lettre* de la Charte que le gouvernement doive leur prêter *les postes royales* pour répandre leurs poisons? trouvent-ils ce sens dans le mot *publier?* est-ce le gouvernement qui doit ainsi *publier* ou rendre public un écrit, ou l'auteur qui l'a composé? Les citoyens paient-ils les taxes des postes pour qu'elles leur apportent tous les jours les écrits qui égarent et corrompent leurs enfans? Un gouvernement sage feroit l'*économie* de transporter *gratis* tous les journaux, mais sous la condition de n'en point transporter de dangereux.

et leurs amitiés ou leurs répugnances d'autrefois ne sont plus assurément leurs amitiés et leurs répugnances d'aujourd'hui.

« Je comprends, » disoit encore M. le vicomte de Châteaubriand dans le *Conservateur*, t. VI, pag. 626, « je comprends que, » selon les circonstances, on *modifie* l'opi- » nion qu'on pouvoit avoir eue sur telle ou » telle loi, et qu'on admette dans un temps, » *sans se contredire*, une mesure qu'on » avoit repoussée dans un autre. *Je crois* » *qu'il est de la nature même de la liberté*, » *que les droits de cette liberté soient quel-* » *quefois suspendus. Nier cette vérité*, » *c'est fermer les yeux à la lumière.* »

Non, ce n'est point varier que de profiter des leçons de l'expérience pour revenir à ce qui est mieux; mais adopter le langage d'un parti que l'on a si long-temps traité avec un tel dédain que l'on ne vouloit y reconnoître *qu'un seul homme d'esprit*, M. Benjamin Constant, certes je ne sais pas trop comment cela s'appelle. Au reste, il y a une bonne preuve que je n'ai jamais varié dans mes principes, et cette preuve, la plus concluante de toutes, c'est que les écrivains libéraux n'ont jamais eux-mêmes *varié* à mon égard, et je n'ai jamais été honoré de leurs éloges. C'est un avantage auquel, je l'avoue, j'ai la foiblesse d'être sensible, et *c'est pour en finir aussi,* comme dit M. de Châteaubriand, que je fais cette réflexion. Toutefois il y a une étrange inconséquence à reprocher des variations de conduite politique à des hommes qu'on représente comme « des hommes d'autrefois, qui, les yeux » fixés sur le passé, et le dos tourné à l'ave- » nir, marchent à reculons vers cet avenir; » hommes incorrigibles qui appartiennent » à un autre siècle, et ne pourroient être » compris que des morts. » Heureusement ils ont, suivant le calcul d'un savant, peu de temps à vivre; toute opposition finira avec eux, et la France, débarrassée de ces témoins importuns d'un autre âge, sera comme la Jérusalem céleste de l'Apocalypse, *ubi luctus neque clamor erit ultrà.*

POST-SCRIPTUM.

S'il nous avoit été permis de disposer,
sans l'aveu de l'auteur, de l'opinion *écrite*
d'un magistrat très-connu de la Cour royale
de Paris, dont nos adversaires ne peuvent
contester les connoissances et encore moins
désavouer les principes politiques et les
écrits, nous aurions fait voir qu'il s'accorde
entièrement avec nous, 1° sur les dangers
de la liberté de la presse, et l'impossibilité
de gouverner avec cette liberté telle qu'un
certain parti l'entend aujourd'hui; 2° sur l'insuffisance et l'impossibilité d'une répression
judiciaire; 3° sur la nécessité d'une censure
préalable, dont il fait l'objet de deux lois
en 6 et 5 articles, et même d'une censure
bien payée; 4° sur l'extension donnée, contre toute raison, à l'article 8 de la Charte,
relativement aux écrits périodiques; 5° sur
la responsabilité des imprimeurs, fondée sur
l'article 1382 du Code civil : « Tout fait
» quelconque de l'homme qui cause à au-

» trui un dommage, oblige celui par la
» faute duquel il est arrivé à le réparer »;
et nos adversaires auroient pu se convaincre
que leurs opinions sur la liberté de la presse
qu'ils supposent partagées par la France entière, ne le sont pas même par leurs amis
les plus ardens et les plus instruits.

FIN.

www.ingramcontent.com/pod-product-compliance
Lightning Source LLC
Chambersburg PA
CBHW052047090426
42739CB00010B/2074